BON VOYAGE

Die schönsten Boutique-Hotels
für bewusstes Reisen

gestalten

INHALT

VORWORT
06 BEWUSST REISEN

FEATURES
07 FEATURE: EINE TIEFERE VERBINDUNG
77 FEATURE: AUF LEISEN SOHLEN
147 FEATURE: REISE ZUM NÄCHSTEN LEVEL
217 FEATURE: PLANET VOR PROFIT

ASIEN

HONGKONG
96 The Fleming

INDONESIEN
30 BAWAH RESERVE, RIAU-INSELN
262 THE SLOW, BALI

JAPAN
124 TRUNK (HOTEL), TOKIO
138 BNA HOTEL, TOKIO

KAMBODSCHA
212 SONG SAA PRIVATE ISLAND, KOH RONG ARCHIPELAGO

SRI LANKA
64 ANI VILLAS DIKWELLA, MATARA

EUROPA

DEUTSCHLAND
128 ALMODÓVAR HOTEL, BERLIN
242 HOFGUT HAFNERLEITEN, BAYERN

FRANKREICH
38 HOTEL CRILLON LE BRAVE, PROVENCE
52 LE BARN, ÎLE-DE-FRANCE
142 MISÍNCU, KORSIKA
174 LE COLLATÉRAL, PROVENCE
256 COUCOO

ISLAND
220 DEPLAR FARM, TROLL PENINSULA

ITALIEN
68 MASSERIA MOROSETA, APULIEN
164 VILLA LENA, TOSKANA

NIEDERLANDE
108 QO AMSTERDAM, AMSTERDAM

PORTUGAL
10 CASA MÃE, ALGARVE
58 SÃO LOURENÇO DO BARROCAL, ALENTEJO
180 QUINTA DA CÔRTE, DOURO-TAL

SCHWEDEN
24 WANÅS RESTAURANT HOTEL, SKÅNE
90 FABRIKEN FURILLEN, GOTLAND

SPANIEN
16 FINCA LA DONAIRA, ANDALUSIEN

VEREINIGTES KÖNIGREICH
120 THE PILGRM, LONDON

VEREINGTE STAATEN VON AMERIKA

- 224 VENTANA BIG SUR, KALIFORNIEN
- 268 SINGLETHREAD, KALIFORNIEN
- 272 THE SURFRIDER MALIBU, KALIFORNIEN

MITTEL- & SÜD-AMERIKA

BRASILIEN
- 196 FAZENDA CATUÇABA, SAÕ PAULO
- 276 KENOA BEACH SPA & RESORT, ALAGOAS

CHILE
- 86 TIERRA CHILOÉ, LOS LAGOS
- 200 WARA, ATACAMA

COSTA RICA
- 204 NALU NOSARA, GUANACASTE

MEXIKO
- 132 TULUM TREEHOUSE, YUCATÁN

PERU
- 156 TITILAKA, TITICACASEE

PUERTO RICO
- 208 THE DREAMCATCHER, SAN JUAN

URUGUAY
- 82 SACROMONTE, MALDONADO

NAHER OSTEN & AFRIKA

LIBANON
- 34 BEIT EL TAWLET, BEIRUT

MAROKKO
- 42 BERBER LODGE, MARRAKESCH
- 150 RIAD JARDIN SECRET, MARRAKESCH

NAMIBIA
- 230 SHIPWRECK LODGE, KUNENE
- 248 OMAANDA, KHOMAS

SÃO TOMÉ UND PRÍNCIPE
- 100 ROÇA SUNDY, PRÍNCIPE ISLAND

SÜDAFRIKA
- 186 BOBBEJAANSKLOOF, WESTKAP

TANSANIA
- 170 CHUMBE ISLAND, SANSIBAR
- 280 ZURI ZANZIBAR, SANSIBAR

ZIMBABWE
- 48 MATETSI VICTORIA FALLS, VICTORIA FALLS

AUSTRALIEN

- 104 OVOLO WOOLLOOMOOLOO, SYDNEY
- 112 JACKALOPE, VICTORIA
- 192 CAPELLA LODGE, NEW SOUTH WALES
- 236 BRAE, VICTORIA

BEWUSST REISEN

„Über Jahrmillionen haben wir uns gemeinsam mit unzähligen anderen Arten entwickelt. Wir sind ein biologisches Wunder, das mit allem verbunden ist. Die Natur, die wir so ignorant und rücksichtslos behandeln, war unsere Wiege, unser Kindergarten, unsere Schule – und sie bleibt unser einziges Zuhause."

E. O. Wilson

Bon Voyage ist eine nachhaltige Reise rund um den Globus, die von unserer Sehnsucht nach Inspiration und Achtsamkeit sowie den ökologischen und sozialen Initiativen einer visionären Generation von Hoteliers erzählt, die nichts Geringeres will als die Welt zu retten.

In unberührte Gebiete zu reisen hat die Menschheit seit jeher fasziniert. Bis heute ist Reisen essenzieller Teil der menschlichen und persönlichen Evolution. Zugleich wächst das Bewusstsein für die menschengemachten Veränderungen auf dem Planeten. Für geringstmögliche Einwirkung auf unsere Natur zu sorgen und lokale Strukturen zu unterstützen wird damit auch im Tourismus wichtiger. Engagierte Hoteliers weltweit reagieren mit attraktiven und nachhaltigen Lösungsvorschlägen, die in ihrer Branche einen wichtigen Wandel anstoßen. Die neuen grünen Unterkünfte unterstützen lokale Traditionen, verbinden moderne mit einheimischer Architektur kooperieren mit örtlichen Schulen und bewahren jahrhundertealte Landschaften. Der Schutz lokaler Ökosysteme ist dabei ein unumgänglicher Bestandteil der Zukunft.

Zu diesen neuen Hoteliers gehört auch José António Uva. Er hat den Familienhof von 1820 im portugiesischen Monsaraz ins elegante São Lourenço do Barrocal umgewandelt und fasst die Bewegung mit seinem Lieblingssprichwort perfekt zusammen: „Wir sagen: ‚Ich pflanze Weinreben für mich, Olivenbäume für meine Kinder und Korkeichen für meine Enkelkinder.' Genau das ist meine Vision einer nachhaltigen Zukunft."

Die ganzheitliche Wende in der Tourismusbranche ist eine direkte Antwort auf die Forderung nach mehr Nachhaltigkeit von heutigen Weltreisenden, die für den Kampf gegen Umweltverschmutzung, den Erhalt der Biodiversität und den Respekt vor der einheimischen Bevölkerung kämpfen. Statt den Planeten weiter auszubeuten, bewahren die neuen achtsamen Hotelkonzepte ihre natürliche Umgebung, bieten naturverbundene Aktivitäten an und geben der Natur so viel wie möglich zurück.

Eine lebenswerte Zukunft liegt allein in unseren Händen: Von der Ernährung bis hin zum Konsumverhalten müssen wir uns immer wieder selbst hinterfragen und nachhaltige Entscheidungen für die langfristige Gesundheit unseres Planeten treffen. Wir müssen nun in neuen Kategorien denken. Für eine nachhaltige Hotellerie bedeutet das, Hand in Hand mit der Natur zu arbeiten und sich für lokale Ressourcen und Konzepte zu entscheiden.

Die Resorts und Hotels der folgenden Seiten wecken pures Fernweh und zeigen gleichzeitig, wie lokale Gemeinden und damit der ganze Planet geschützt und gefördert werden können. Sie investieren Teile ihres Gewinns in Bildungsprogramme, unterstützen Umweltschutzinitiativen und kochen mit Biozutaten aus eigenem Anbau. Nicht nur damit heben sie sich deutlich von den Hotelkonzernen ab, die sich auf wirkungslosen Greenwashing-Kampagnen ausruhen.

Bon Voyage zeigt, wie mit Respekt, Achtsamkeit und Mut zu außergewöhnlichen Lösungen ein neues Reisen möglich ist, das die Anforderungen von Reisenden, der Tourismusbranche und unserem sensiblen, weltumspannenden Ökosystem miteinander verbindet. Wie Laotse schrieb: „Auch die längste Reise beginnt mit dem ersten Schritt."

CLARA LE FORT
verbringt ihre Zeit am liebsten an unberührten, naturbelassenen Orten. Die französische Reisejournalistin und Redakteurin ist Mitherausgeberin von *Bon Voyage*.

EINE TIEFERE VERBINDUNG

Wer bewusst reist, will meist nicht nur das eigene Leben, sondern auch das der Menschen vor Ort bereichern. „Es besteht dringender Bedarf an nachhaltigeren Formen des Tourismus, um gefährdete Ökosysteme und Menschen zu schützen", erklärt Professor Flemming Konradsen, Direktor der Copenhagen School of Global Health. Er verweist besonders auf „die rasch anwachsende Zahl internationaler Touristen in Ländern mit niedrigen Einkommen". Eine neue Hoteliersgeneration ist sich der negativen Auswirkungen bewusst, die Billigtourismus auf die lokale Bevölkerung haben kann. Sie reagiert mit gezielter Unterstützung – oft durch Ausbildung und Hilfe zur Selbsthilfe.

Das beeindruckende Alila Fort Bishangarh, eine 230 Jahre alte Festung, liegt auf einem Granithügel im indischen Jaipur mit Blick auf die Landschaft Rajasthans. Engagiert arbeitet das Hotel mit der lokalen Gemeinde zusammen. „Wir beschäftigen Bewohner der Region, fördern Bildung durch Schulungen, beziehen Produkte und Serviceleistungen von lokalen Anbietern und bringen unseren Gästen die lokale Kultur aktiv nahe", erklärt Frederic Flageat-Simon, CEO der Alila-Hotelgruppe, die ausdrücklich einen „ganzheitlichen, umweltfreundlichen Ansatz" verfolgt. Die Gäste können auf Bauernhöfen wie dem von Daya und Ramautar Yadav hautnah beim Anbau und der Ernte von Getreide, Kräutern, Gewürzen und Gemüse dabei sein. Im preisgekrönten Gavya Amul Dairy lernen Interessierte wiederum alles rund um die lokale Milchproduktion. Solche Erfahrungen schenken authentische Einblicke in Lebensentwürfe außerhalb unseres Fokus – und erinnern gleichzeitig an unser gemeinsames menschliches Dasein. Gäste des Alila Fort Bishangarh reisen bereichert wieder ab – mit einem tieferen und persönlicheren Verständnis der Traditionen Rajasthans im Gepäck.

Ähnlich arbeitet das indonesische Bawah Reserve. In Zusammenarbeit mit der Bawah Anambas Foundation (BAF) kämpft die Öko-Lodge für den Erhalt der Biodiversität auf den Anambas-Inseln und setzt sich für die Umweltaufklärung der Bevölkerung ein. Aktive Mithilfe, etwa beim Schutz des Fisch- und Korallenbestands am Riff, fördert hier auf lange Sicht das Gemeinwohl.

Auch die nachhaltige Unterkunft Roça Sundy auf Príncipe zeigt, wie ein ganzheitliches Geschäftsmodell die wirtschaftliche Entwicklung einer ganzen Gemeinde fördern kann. Ihre außerordentliche Artenvielfalt machte die Insel, die zusammen mit dem benachbarten São Tomé eines der kleinsten

DAS HOTELEIGENE ALILA FORT BISHANGARH ARRANGIERT DAS NEUE ‚ALILA EXPERIENCE', DAS GÄSTE IN AUTHENTISCHE AKTIVITÄTEN DES NAHEN DORFES BISHANGARH INVOLVIEREN WILL.

EINE TIEFERE VERBINDUNG

IM ZUGE DES CHILDREN IN THE WILDERNESS-PROGRAMMS VERANSTALTEN WILDERNESS SAFARIS LEHRREICHE CAMPS UND SAFARIS, BEI DENEN TEILNEHMENDE KINDER ÜBER VIER TAGE DER NATUR GANZ NAH SIND.

Länder Afrikas bildet, im Jahr 2012 zum UNESCO-Biosphärenreservat. Doch es fehlte die wirtschaftliche Infrastruktur, um von diesem neuen Label zu profitieren. Die Roça Sundy füllt diese Lücke. Durch die Anstellung lokaler, vielseitg ausgebildeter Mitarbeiter und die faire Bezahlung lokaler Produzenten schützt das Hotel die einzigartige Biodiversität der Insel und sichert der Bevölkerung zugleich eine finanzielle Zukunft.

Knappe 5.000 Kilometer entfernt verändert der libanesische Food-Aktivist Kamal Mouzawak das Leben seiner Mitmenschen nach einem ganz besonderen Rezept. Im Tawlet, seinem ersten Restaurant, wird das Mittagessen zur Geschmacksreise, auf die Frauen aus allen Regionen des Libanon die Gäste mitnehmen. Die Gastköchinnen bereiten beliebte Klassiker ihrer jeweiligen Region zu und bereichern die Karte mit wechselnden Spezialitäten. Mouzawak weiß: Essen hält nicht nur Leib und Seele, sondern auch die Menschen zusammen. So sitzen hier Anwohner und Flüchtlinge gemeinsam an einem Tisch. „Make food, not war" ist das Motto des Hoteliers. „Meine Initiativen bewahren immaterielle Schätze. Die Rezepte kommen selbst aus den entlegensten Gegenden des Landes zu uns – und das sogar bei politischen Unruhen."

Wer sich dem Schutz lokaler Gemeinden verschrieben hat, trägt auch Verantwortung für die jüngere Generation. Immer mehr Hoteliers werden aktiv, bauen Schulen und unterstützen lokale Bildungssysteme. In Sri Lanka gründete Tim Reynolds, der Eigentümer von Ani Villas, eine Kunstschule, die Wege aus der Armut pflastern will. Das Hotel finanziert die Schule aus seinen Einnahmen. Zehn Minuten von den Villen entfernt absolvieren 40 Jugendliche zwischen 16 und 18 Jahren eine umfassende Ausbildung. Jeden Tag erhalten sie neun Stunden Zeichen- und Fotografieunterricht sowie volle Verpflegung. Werkzeug und Zubehör für eigene kreative Projekte werden von der Schule kostenfrei gestellt. Belohnt wird die Teilnahme nach drei Jahren mit einem staatlich anerkannten Kunstabschluss.

Auch Wilderness Safaris, einer der führenden Safari-Anbieter Afrikas, setzt sich für lokale Gemeinden ein. Das Unternehmen betreibt die Initiative Children in the Wilderness, die Führungskräfte im Bereich Umweltschutz ausbildet und Kinder im ländlichen Raum dafür sensibilisiert. Allein im Jahr 2016 nahmen 2.658 Kinder an spannenden Aktionen wie Gemüse- und Getreideanbau, Vogelfütterungen, Stricken, Wurmworkshops und Baumpflanzungen teil. Das Credo der Initiative lautet: „Wenn wir die unberührte Natur und Tierwelt Afrikas auch für kommende Generationen erhalten wollen, braucht es das Wissen der Landbevölkerung und insbesondere der hier lebenden Kinder um ihre Bedeutung und die Notwendigkeit ihres Schutzes."

CASA MÃE — ALGARVE, PORTUGAL

Die portugiesische *tranquilidade*

Permakultur, kreative Zusammenarbeit und eine bedingungslose Liebe zur Natur bilden den konzeptuellen Rahmen des Bauernhofhotels Casa Mãe.

Der kleine, beschauliche Küstenort Lagos liegt im Süden von Portugal. Einsame Strände und der traditionsreiche entspannte Lebensstil – bekannt als *tranquilidade* – geben hier einen gemächlichen Takt vor. Das Boutiquehotel Casa Mãe hat sich diese Haltung zum Motto gemacht. Die Unterkünfte verteilen sich auf charaktervolle Gebäude aus dem 16. und 19. Jahrhundert sowie den minimalistischen Neubau Jogo da Bola, die sich perfekt in die schmalen Gassen im Ortskern einfügen. Gelungen setzen Miteigentümerin Veronique Polaert und Interior Designer Martin Blanchard auf eine reduzierte Ästhetik. Keramik aus der Region, farbenfrohe Webteppiche und Santa-Catarina-Bodenfliesen in warmen Terrakottatönen zaubern das passende Ambiente. Der

12 CASA MÃE

ALGARVE, PORTUGAL

DIE ZIMMER IM HAUPTGEBÄUDE, IN DEN DREI RUSTIKALEN CABANAS (RECHTS) UND DER JOGO DA BOLA (SEITE 15, OBEN RECHTS) SIND IN DIE DREI KATEGORIEN „VINTAGE REFINADO", „BOHO CHIC" UND „COSY MIMINALISM" UNTERTEILT.

DAS GESAMTE INTERIEUR IST IN HELLEN, FREUNDLICHEN TÖNEN GEHALTEN. HOLZ- UND TERRAKOTTABÖDEN BILDEN EIN DEKORATIVES GEGENGEWICHT ZU DEN BLÜTENWEISSEN WÄNDEN DER BÄDER UND ZIMMER. REDUZIERTES DEKOR UND BLAUE AKZENTE ERGÄNZEN DEN LOOK.

ZWISCHEN DEM HAUS AUS DEM 19. JAHRHUNDERT UND DER JOGO DA BOLA LIEGEN DER EINLADENDE SWIMMINGPOOL (OBEN) UND DER GROSSE GEMÜSEGARTEN (NÄCHSTE SEITE).

ureigene Look der Casa Mãe lebt von markanten Details wie modern interpretierten *reixas* – traditionellen Holzgittern – oder Hängematten, die auf den großen Balkonen für maximale Entspannung sorgen. Die weißen Gitter referieren auf das maurische Erbe der Region.

So versteckt die Casa Mãe im Herzen des Ortes liegt, so präsent ist sie doch im Engagement für Kultur und Nachhaltigkeit. Der 5.000 Quadratmeter große Terrassengarten des Hotels etwa wird von einem restaurierten antiken Bewässerungssystem gespeist. Das Hotel bewirtschaftet seinen eigenen Hof, veröffentlicht ein Magazin und kuratiert eine Kunsthandwerksboutique mit Produkten zahlreicher portugiesischer Kunsthandwerker und Designer. Neben zwei *locavore*-Restaurants betreibt die Casa Mãe dazu eine Saftbar, einen Craft-Coffee-Shop und einen Blumenladen. In Zukunft sollen hier noch ein Wochenmarkt, eine Künstlerresidenz und ein Tante-Emma-Laden mit angeschlossener Bäckerei entstehen.

Auch gastronomisch arbeitet die Casa Mãe ausschließlich regional. In der Küche wird praktisch ohne CO_2-Fußabdruck gekocht: Gemüse der Saison wächst in der eigenen Gärten, die Mandelmilch wird selbst hergestellt und die Eier stammen von den 200 hoteleigenen Hühnern. Auch das Räucherfleisch kommt aus der Region, und zu den Zulieferern aus dem Umland gehören befreundete Biowinzer, eine Ziegenkäserei, ein Olivenölhersteller und eine Expertin für Meeresfrüchte. Schöner Nebeneffekt der täglichen persönlichen Lieferungen sind wachsende Freundschaften und der nette Plausch an der Küchentür. Auch die Gästezimmer sind mit portugiesischen Kostbarkeiten ausgestattet, die teils im hauseigenen Konzeptladen der Casa Mãe zum Verkauf angeboten werden. Das ausgesuchte Sortiment reicht von Besteck und Tellern bis hin zu Möbeln, Kleidern und Pflegeprodukten junger portugiesischer Marken und Kunsthandwerker. Der ökologische Anspruch in der Casa Mãe reicht bis hin zu scheinbar kleinsten Details wie Pa-

CASA MÃE   ALGARVE, PORTUGAL

ZUR ENTSCHIEDEN MODERN GESTALTETEN JOGO DA BOLA GEHÖRT EINE GROSSE AUSSENTERRASSE MIT ESSBEREICH (OBEN). DAS HAUPTGEBÄUDE BEZAUBERT MIT ORIGINAL ERHALTENEN ELEMENTEN WIE DEN SCHÖNEN FLIESENBÖDEN UND FENSTERLÄDEN (UNTEN)

pierstrohhalmen oder biologisch abbaubaren Take-Away-Boxen. Um möglichst keine Lebensmittel wegzuwerfen, werden die Hühner mit Überresten von der Farm und dem Restaurant gefüttert. Selbstverständlich sind auch die angebotenen Pflegeprodukte ausschließlich aus portugiesischen Bioinhaltsstoffen wie kalt gepresstem Mandel- und Haselnussöl hergestellt. Die Cremes und Lotions werden vor Ort in wiederverwendbare Tontiegeln gefüllt. Die Casa Mãe fördert mit ihrem Angebot auch die Kreativität in dem Städtchen und vernetzt die Menschen. Wer kochen, weben oder malen kann, hat die Möglichkeit, etwas beizutragen. Auch Fotografen, Bildhauer und andere Künstler sind herzlich eingeladen, in den Räumlichkeiten ihre Werke auszustellen. Die Casa Mãe zeigt vorbildlich, wie Einklang und Achtsamkeit tatsächlich gelebt werden können. Der Zugewinn ist – für Gäste wie für die Bewohner von Lagos – ein nachhaltiges Glücksgefühl.

FINCA LA DONAIRA ANDALUSIEN, SPANIEN

Moderner Agriturismo

Als luxuriöses Bauernhofhotel ist die Finca La Donaira eine luxuriöse Interpretation des traditionellen Agriturismo – und verbindet dabei erntefrisches Essen mit entspannter Atmosphäre und wohltuender Authentizität.

Auf einem 700 Hektar großen Grundstück inmitten der wilden Sierra de Grazalema in Andalusien liegt die Finca La Donaira. Ringsum erstrecken sich mächtige Eichenwälder und die weiten Felder des biodynamischen Bauernhofs. In der alten spanischen Finca fanden neun einladende Gästezimmer Platz. Die Eigentümer ergänzten diese um zwei preisgekrönte Luxus-Jurten, einen exquisiten Spa-Bereich und zwei Swimmingpools mit Quellwasser. Gastlichkeit und Landwirtschaft verbinden sich hier zu einer modernen Form des Agriturismo.

Mit seiner alten Ledersesseln, Kränzen aus Trockenblumen, trogartiger Waschbecken und Holzbalkendecken wirkt das Haus auf den ersten Blick rustikal, der geschulte zweite Blick erkennt jedoch den Designanspruch jedes Details. Mehrere Jahre lang haben lokale Handwerker das traditionelle *cortijo* (Spanisch für „Bauernhaus") sorgsam restauriert und dabei mit überlieferten Methoden gearbeitet. Architektur und Interieur leben von Naturmaterialien wie Böden aus Stein und Kalkputzwänden, Ledermobiliar und Terrakotta-Dachziegeln.

FINCA LA DONAIRA

ANDALUSIEN, SPANIEN

DIE ZIMMER DER FINCA VARIIEREN IN GRÖSSE UND SCHNITT. DIE DICKEN STEINWÄNDE SIND NACH ANDALUSISCHER TRADITION WEISS GESTRICHEN. AUCH DIE JURTEN (LINKE SEITE OBEN) SIND CHARMANT-RUSTIKAL EINGERICHTET – MIT AUSGESUCHTEN MID-CENTURY-KLASSIKERN ALS KONTRAPUNKT.

Nachhaltigkeit wächst auch in den bunten Beeten der Finca La Donaira heran. Permakulturanlagen und ein nach Vorbild mittelalterlicher Klöster angelegter Heilgarten verbinden Avantgarde und Traditionen der Landwirtschaft. Bei der Bewirtschaftung des biodynamischen Bauernhofs und der Lodge orientiert sich das Team an den Lehren von Rudolf Steiner. Erste Maßnahme nach Übernahme der Farm im Jahr 2005 war die Regeneration der Böden – der sprichwörtlichen Lebensgrundlage der Finca La Donaira. „Wir arbeiten mit einem offenen, experimentellen Ansatz und einer Mischung aus Tradition und Innovation. Unsere Basis bleibt dabei immer die klassische Permakultur", erklären die Eigentümer. Alte Eichen, Oliven- und Mandelhaine in grünen Tälern, Biogemüsegärten und ein malerischer Weinberg machen die Finca zur ländlichen Idylle. Auch Schafe, Ziegen, seltene Rinderarten, Hühner und Bienen leben auf La Donaira.

Dazu fließt viel Herzblut in die Zucht edler Lusitanos, die als älteste Reitpferdrasse gelten. Behutsam werden die 70 stolzen Tiere trainiert. Die „Pferdeflüsterer" verzichten dabei komplett auf überholte Methoden wie Druck und Bestrafung. „Wir wollen den Charakter, die Vielseitigkeit und Schönheit dieser uralten Pferderasse bewahren. Seine Gene prädestinieren den Lusitano förmlich als perfektes Sportpferd des 21. Jahrhunderts. Unsere Pferde eignen sich für Dressur, Arbeitsreiten und fortgeschrittenes Freizeitreiten. Gleichzeitig sind sie dank ihrer Anmut, Intelligenz und Sensibilität ideal in der pferdegestützten Therapie

MIT FRISCHEN EIERN UND OLIVENÖL,
WEIN UND HONIG VOM EIGENEN HOF WIRD

DAS GEMEINSAME ESSEN ZUM UNVERGESSLICHEN
– UND NACHHALTIGEN – ERLEBNIS.

FINCA LA DONAIRA ANDALUSIEN, SPANIEN

DIE FINCA VERWÖHNT MIT KULINARISCHEN KÖSTLICHKEITEN (LINKS OBEN) UND EINEM BREIT GEFÄCHERTEN WELLNESSANGEBOT. DAZU GEHÖREN EIN SÜSSWASSERPOOL MIT BLICK ÜBER DAS TAL (LINKS), EINE MIT HOLZ BEHEIZTE SAUNA UND EIN ZWEITER AUSSENPOOL, DER MIT BERGQUELLWASSER GEFÜLLT IST.

einsetzbar", erklären die Besitzer stolz. Aus Dankbarkeit für die vielfache Unterstützung durch Landwirtschaftsexperten aus aller Welt haben die Eigentümer zudem die La Donaira Soil Academy gegründet. Die Vorträge und Workshops über bodenschonende Permakultur und regenerative landwirtschaftliche Methoden werden von lokalen wie internationalen Gruppen rege besucht. Um stets up to date zu bleiben, empfängt die Finca La Donaira auch immer wieder Vordenker aus den verschiedensten Bereichen. Je nach Veranstaltung finden sich Bioimker, Stampflehmbau-Architekten, Vogelnestdesigner, einflussreiche Landwirte und Künstler am runden Tisch zum Gespräch ein. Den passenden Treibstoff liefern dabei vegetarische Leckerbissen, die das Motto der Finca schmackhaft widerspiegeln. Was nicht selbst vor Ort angebaut oder auf dem Gelände gesammelt werden kann, kauft die Finca La Donaira bei lokalen Erzeugern. Mit frischen Eiern und Olivenöl, Wein und Honig vom eigenen Hof wird das gemeinsame Essen zum unvergesslichen – und nachhaltigen – Erlebnis.

FINCA LA DONAIRA, *ANDALUSIEN, SPANIEN*

Eine Kunst für sich

WANÅS RESTAURANT HOTEL

Schloss Wanås ist Bauernhof, Skulpturenpark, Charakterhotel und nordisches Restaurant in einem und lässt dabei Geschichte und Gegenwart verschmelzen.

Bereits vor drei Jahrzehnten öffnete Schloss Wanås, das aus dem 15. Jahrhundert stammt, erstmals seine Pforten: Nachdem das südschwedische Anwesen über neun Generationen exklusiv von der Familie Wachtmeister bewohnt worden war, lud Schlossherrin Marika Wachtmeister im Jahr 1987 zu einer öffentlichen Ausstellung. Seitdem ist viel passiert: Neben Kunst und Kultur haben ein skandinavisch inspiriertes Restaurant und ein stilvolles Boutiquehotel Einzug gehalten. Den dazugehörigen Skulpturenpark verwaltet inzwischen die eigens gegründete Wanås Foundation.

Die elf Gästezimmer im Wanås Restaurant Hotel verteilen sich auf mehrere Scheunen aus dem 18. Jahrhundert. Für das elegante Interieur zeichnet Architektin Kristina Wachtmeister, Ehefrau des Schlosserben Baltzar Wachtmeister, verantwortlich. Nach aufregenden Jahren in New York und Stockholm hatte das Paar beschlossen, in Baltzars Elternhaus zurückzukehren. Sie wollten das in die Jahre gekommene Schloss behutsam modernisieren. Das Ergebnis kann sich wirklich sehen lassen: Unter den original erhaltenen dicken, rußigen Holzbalken stehen heute nordische Mid-Century-Klassiker und zeitgenössische lokale Designerstücke – etwa von RUBN, Ifö und Gärsnäs.

SKÅNE, SCHWEDEN 25

26 WANÅS RESTAURANT HOTEL — SKÅNE, SCHWEDEN

TROTZ SEINER HERAUSRAGENDEN KUNST PRÄSENTIERT SICH DAS WANÅS HOTEL RECHT UNPRÄTENTIÖS. DIE GROB VERPUTZTEN SCHLAFZIMMERWÄNDE, ROSA GEFLIESTE BADEZIMMER UND TYPISCHE SHAKER-MÖBEL SORGEN FÜR RUSTIKALES FLAIR.

DIE VOGELPERSPEKTIVE OFFENBART DIE BEEINDRUCKENDEN DIMENSIONEN DES WANÅS HOTELS. HOFGEBÄUDE UND SKULPTURENGARTEN LIEGEN MITTEN IN EINEM MAJESTÄTISCHEN BUCHENWALD, UND DAS GROSSZÜGIGE ANWESEN LÄDT ZU LANGEN SPAZIERGÄNGEN EIN.

2017 wurde das Wanås Restaurant Hotel offiziell eröffnet. Ein gelungener Mix aus Vintage-Mobiliar, zeitgenössischer Kunst, Naturmaterialien und rustikalen Wänden sorgt für zeitgemäße Eleganz. Konsequent setzen die Eigentümer ihr Leitkonzept „Design trifft Nachhaltigkeit" im gesamten Anwesen um. Für die Schlafzimmer wurde der Innenarchitekt Christian Halleröd – er ist der kreative Kopf hinter den Interieurs vieler Acne Studios und Byredo-Filialen – beauftragt, minimalistische Kleiderschränke aus hofeigenem Eichenholz und Leder zu schaffen.

Nicht zuletzt betreibt das Wanås auch eine der größten Biomilchfarmen Schwedens. Sie verfügt über eine hochmoderne Ausstattung, dank der jede Kuh bestens umsorgt wird. Muss eine Kuh etwa Antibiotika erhalten, wird sie von den anderen Kühen getrennt, damit die Milchproduktion nicht in Mitleidenschaft gezogen wird. Dass hier außergewöhnliche skandinavische Rezepte entstehen, versteht sich fast von selbst. Auf den Rat der Starköche Magnus Nilsson und Mathias Dahlgren hin sah Kristina Wachtmeister bewusst von extravaganter Gourmetküche ab. Stattdessen soll ihr

NICHT ZULETZT BETREIBT DAS
WANÅS AUCH EINE DER

GRÖSSTEN BIOMILCHFARMEN
SCHWEDENS.

WANÅS RESTAURANT HOTEL SKÅNE, SCHWEDEN

ALLE RÄUME DES WANÅS BEZAUBERN MIT EINEM MIX AUS SCHWEDISCHER MODERNE UND HISTORISCHEM STIL. ZU SKANDINAVISCHEN BLAU- UND GRAUTÖNEN KOMBINIERTEN DIE DESIGNER ZEITGENÖSSISCHE KUNST UND VINTAGE-MÖBEL. DAS RESTAURANT SERVIERT GERICHTE DER MODERNEN NORDISCHEN KÜCHE (LINKS OBEN).

Küchenteam Spezialitäten des Hauses entwickeln: Kardamomschnecken, Tartar aus hofeigenem Rindfleisch oder Softeis aus hauseigener Biomilch zergehen hier sprichwörtlich auf der Zunge. Für seine unprätentiösen Leckereien verwendet das Wanås Restaurant möglichst frische, regionale Zutaten vom eigenen Hof und der schwedisch-wilden Umgebung.

Über 70 Werke, unter anderem von so berühmten Künstlern wie Marina Abramović, Antony Gormley und Dan Graham, machten Schloss Wanås bereits in den 1980er-Jahren zu einem äußerst gefragten Kunstzentrum. Den perfekten Tagesausklang auf Wanås verspricht ein Mondscheinspaziergang zu den Klängen eines Janet-Cardiff-Stücks (*Wanås Walk, Audio Walk*, 1998) oder die Suche nach Jenny Holzers 260 geheimen Botschaften (*Wanås Wall*, 2002) an der alten Steinmauer im Park. Derart inspiriert schmeckt das anschließende Dinner aus saisonalen Zutaten, die vor Ort wuchsen, gejagt oder geerntet wurden, umso köstlicher.

Als einziges Hotel in ganz Europa – und eines von nur elf Hotels weltweit – trägt das Wanås zurecht die höchste Zertifizierung als Global Ecosphere Retreat®.

Vom Erhalt eines indonesischen Archipels

In einem unberührten tropischen Archipel liegt Bawah Island – ein nachhaltiges Luxus-Refugium, das in die Zukunft des Meereslebens, der Natur und der Menschen Indonesiens investiert.

BAWAH RESERVE

RIAU-INSELN, INDONESIEN

Das Bawah Reserve liegt im abgelegenen Anambas-Archipel, einem der ersten Meeresschutzgebiete Indonesiens. Dieses Archipel blieb über 10.000 Jahre praktisch unverändert. Es besteht aus fünf üppigen, mit Dschungel bewachsenen Inseln, die sich über drei saphirblauen Lagunen erheben und ganze 13 strahlend weiße Strände vorweisen können. Das Resort gehört dem Singapurer Designer Sim Boon Yang, der es unter Gesichtspunkten der Nachhaltigkeit selbst gestaltet hat. Für den Bau ließen sich die Architekten fünf Jahre Zeit; statt sprichwörtlich mit dem Bulldozer ranzugehen, arbeitete man behutsam im Einklang mit der einzigartigen Natur der Insel. Bawah Reserve zeichnet sich besonders durch nachhaltiges Design und Umweltfreundlichkeit aus: Die Villen sind von großen Bäumen umgeben, die Dächer wurden mit besonders großen Palmblättern von einer Nachbarinsel

32 BAWAH RESERVE

RIAU-INSELN, INDONESIEN

DIE BUNGALOWS SCHWEBEN ÜBER DER AZURBLAUEN LAGUNE UND VERSPRECHEN MAXIMALE ENTSPANNUNG (RECHTS). VON DEN BAMBOO BEACH SUITES SIND ES NUR WENIGE SCHRITTE ZUM SANDSTRAND, WÄHREND SICH DIE GARDEN SUITES WEITER HINTEN IM DSCHUNGEL VERSTECKEN.

IN DEN ZAUBERHAFT GESTALTETEN GEMEINSCHAFTSBEREICHEN FINDEN GEMEINSAME ESSEN (RECHTE SEITE), SPORTKURSE UND GANZHEITLICHE WELLNESS-ANWENDUNGEN UNTER STROHDÄCHERN STATT. DER AUSBLICK ERSETZT DIE WÄNDE (UNTEN).

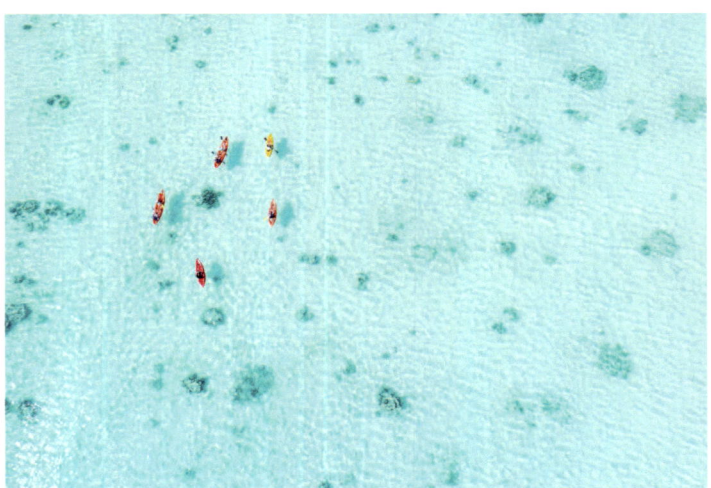

gedeckt, alle Zelt-Suiten und öffentlichen Bereiche sind aus Bambus und recyceltem Teakholz, Bade- und Duschbereiche bestehen aus recyceltem Kupfer und die Tische und Stühle wurden aus Treibgut gefertigt. Das Resort bietet zudem aus Altholz errichtete Overwater-Bungalows. Das Resultat ist ein geerdetes, organisches und nicht zuletzt ausgezeichnet gestaltetes Resort. Bawah möchte ein Vorbild für verantwortungsbewussten, nachhaltigen Tourismus sein. Sein umweltfreundlicher Ansatz zieht sich daher durch alle Bereiche: Die Permakulturanlage wird mit Abwasser gewässert und alle Produkte des Reservats sind sorgfältig ausgesucht. So gibt es meerwasserfreundliche Sonnencreme, umweltfreundliches Waschmittel und Alternativen zu Plastikflaschen. Das Resort sammelt, klärt und speichert Regenwasser und betreibt eine hochentwickelte Meerwasseraufbereitungsanlage mit Umkehrosmose, die eine mehrstufige Filtrationstechnologie nutzt. Alle Abfälle des Resorts werden recycelt, Lebensmittelabfälle kompostiert, das Papier wird gemulcht und im Wasserfilterprozess zerkleinertes Glas verwendet. An Land sind die einzigen Fahrzeuge elektrische Buggys, die beiden eingesetzten Boote sind solarbetrieben. Während viele Inselhotels sämtliche Lebensmittel importieren, decken die eigenen Gärten das Bawah Reserve 60% des Obst- und Gemüsebedarfs. Die Gäste können aus einer großen Auswahl frischer, lokaler Produkte wählen. Nicht zuletzt engagiert sich das Resort mit seiner Stiftung für Umweltschutz und ethisches Handeln: Die Bawah Anambas Foundation investiert direkt zurück in das Land, das Meer und die lokale Gemeinschaft und leistet damit bewundernswerte Arbeit. Der Fokus auf Unterwasser- und Onshore-Ökosystemen hat zum Ziel, Fische und Korallen rund um das Barriereriff zu schützen und gleichzeitig die Lebensqualität vor Ort zu verbessern. Das BAF arbeitet eng mit der Lokalregierung von Anambas und verschiedenen anderer Organisationen zusammen die in die Zukunft der Region investieren. Vor allem kooperiert die Stiftung direkt mit der Gemeinde. Für die Zukunft des Archipels ist es entscheidend, die Anwohner für das Ökosystem zu sensibilisieren: „Das Bawah Reserve erkennt die Notwendigkeit, durch das Schaffen von Arbeitsplätzen und wirtschaftlichen Möglichkeiten einen positiven Beitrag zur lokalen Gemeinschaft zu leisten", heißt es seitens der Stiftung. Dies umfasst auch die Ausbildung und Förderung von Mitarbeitern, die Wissensvermittlung und natürlich den Einkauf bei lokalen Fischern und Handwerkern. Das Resort investiert auch ins Abfallmanagement, das von der Bildung über das Sammeln, Trennen und Verarbeiten reicht. Darüber hinaus hat sich das Resort verpflichtet, „die lokale Gemeinschaft vor kultureller, wirtschaftlicher und ökologischer Ausbeutung zu schützen". Damit macht es sich für die Rechte der lokalen Bevölkerung stark.

BEIT EL TAWLET HOTEL — BEIRUT, LIBANON

Auf Hoffnung gebaut

In Beirut hat der libanesische Aktivist Kamal Mouzawak über seinem Restaurant Tawlet eine neue Pension eröffnet, die Hoffnung verbreiten soll.

Als neustes Projekt von Kamal Mouzawak reiht sich das Hotel Beit el Tawlet in eine ganze Reihe philanthropischer Initiativen ein. Der Visionär gründete bereits einen Bauernmarkt, eine Restaurantkette und mehrere Bed & Breakfasts – und verhilft damit libanesischen Frauen und syrischen Flüchtlingen zu einem neuen, besseren Leben. Als leidenschaftlicher Gourmet hat Mouzawak das passende Rezept gefunden, seine Berufung zum Beruf zu machen. Mouzawak leitet ein ganzes Netzwerk von Märkten, Restaurants, Bed & Breakfasts und Gemeindeinitiativen. Mit seinen sozialer Unternehmungen verhilft er gleichzeitig Menschen in Not zu einer Lebensgrundlage und bietet ganz pragmatisch Produkte an. Einige seiner Projekte sind gemeinnützig, andere gewinnorientiert. Er bringt Bauern, Köche, NGOs, Designer und Kunsthandwerker zusammen, vermittelt zwischen Bürgern und Politikern und lebt vor, wie sich Business und Ethik vereinbaren lassen. Seine neuen Bed & Breakfasts taufte er *beit* – Arabisch für „Haus". Das Beit El Tawlet ergänzt nun seine drei Schwesterpensionen

BEIT EL TAWLET HOTEL

DIE GROSSZÜGIGE DACHTERRASSE DES HOTELS BIETET DEN
GÄSTEN AUSREICHEND SITZGELEGENHEITEN. IN DER
OUTDOOR-KÜCHE ZAUBERT KÜCHENCHEF KAMAL MOUZAWAK
SEINE LECKEREN GERICHTE.

BEIRUT, LIBANON 37

WOHLÜBERLEGT PLATZIERTE ZIMMERPFLANZEN UND SCHNITTBLUMEN ERGÄNZEN DIE AUSGESUCHTEN TEXTILIEN UND DIE HANDGEFERTIGTEN, ZAI TEN MÖBEL. LEBENSFROHE GRÜN- UND ORANGETÖNE PRÄGEN DIE ZIMMER UND DIE GESTALTUNG DES GESAMTEN HAUSES.

Beit Douma, Beit El Qamar und Beit Ammiq. Es liegt im eleganten Viertel Mar Mikhaël direkt über dem Restaurant Tawlet Beirut, das im Jahr 2009 eröffnete. Das Lokal serviert rustikale, lokale Küche, ist wahnsinnig beliebt und immer gut besucht. Seine neue Pension versteht sich als Hommage an die 1950er- und 1970er-Jahre. Neben einem spektakulären Blick auf Meer und Berge können die acht Doppelzimmer in frischen Grün- und Orangetönen mit vielen Zimmerpflanzen und modernen Wandteppichen von Jean-Claude Bissery aufwarten. Zwei der Zimmer verfügen über einen eigenen Balkon, von zwei anderen gelangt man direkt auf die Terrasse. Das Interieur, ein überschäumender Mix aus auffälligen Lampenschirmen, Rattanmöbeln und Einzelstücken aus lokalen Antiquitätengeschäften, hat Mouzawak selbst zusammengestellt.

Auch die – natürlich libanesischen – Kunstwerke wurden von Mouzawak sorgfältig ausgewählt und er unterstützt damit einmal mehr lokale Talente. Gleichzeitig nutzt Mouzawak das Bed & Breakfast als Interaktionsmöglichkeit und um den Gästen seine Philosophie nahezubringen. Im Restaurant Tawlet im Erdgeschoss finden Koch-Workshops statt, wo man die Zubereitung von *Kibben* oder gefüllten Weinblättern lernen kann. Das experimentierfreudige und äußerst talentierte Küchenteam steht dabei mit Rat und Tat zur Seite. *Tawlet* bedeutet im Arabischen „Tisch" – und an diesem versammelt Mouzawak regelmäßig Frauen aus verschiedenen Regionen des Libanon, die hier als Gastköchinnen mittags eigene Rezepte zubereiten. In Form einer köstlichen Kulturgeschichte werden so lokale Familiengerichte erhalten und weitergegeben – und dabei Geschichten geteilt.

Nachhaltiger Luxus im historischen Dorf

HOTEL CRILLON LE BRAVE

Vor der Kulisse des legendären Mont Ventoux haucht das Crillon le Brave einem provenzalischen Dorf neues Leben ein. In liebevoll erhaltenen Mauern aus dem 17. und 18. Jahrhundert finden Körper, Geist und Seele zu neuem Einklang.

Mit seiner atemberaubenden Panoramaterrasse sitzt das Crillon le Brave als verwunschenes Labyrinth aus Kopfsteinpflastergässchen und Steinhäuschen mit Tonnengewölbe oben auf dem Hügel eines kleinen provenzalischen Dorfes. Hinter den mittelalterlichen Zinnen ragt der weiße Gipfel des Mont Ventoux, des „windumtosten Berges", über der Landschaft auf. Im ehemaligen Pfarrhaus haben die visionären Betreiber des Luxushotels sechs romantische Zimmer und Suiten untergebracht. In der einstigen Kapelle, dem Heuschober, den Stallungen und den Kellergewölben finden sich neben weiteren Zimmern ein elegantes Spa, mehrere Restaurants und der hauseigene Weinkeller. Jedes Gebäude trägt hier den Namen einer wichtigen Persönlichkeit aus dem Dorf, und dessen bauliche Struktur wurde behutsam erhalten. Duftende Kräuterbeete rahmen die Terrassen und den traditionellen Bouleplatz. Überall wachsen Rosen, Lorbeerbäume, Weinreben, Zypressen, jahrhundertealte Olivenbäume, große Feigenbäume und lila Lavendel.

Auch die Küche spiegelt den vegetativen Reichtum der Provence gelungen wider. Sternekoch Julien Marseault bereitet seine

HOTEL CRILLON LE BRAVE

HERZSTÜCK DES HOTELS IST DIE GROSSZÜGIGE, EINLADEND MÖBLIERTE AUSSENTERRASSE. WER MÖCHTE SICH HIER NICHT ENTSPANNT ZURÜCKLEHNEN UND DAS PROVENZALISCHE PANORAMA GENIESSEN?

PROVENCE, FRANKREICH 41

DIE VERSCHIEDENEN UNTERKÜNFTE VERTEILEN SICH AUF MEHRERE GEBÄUDE UND REICHEN VOM KLEINEN DOPPELZIMMER BIS HIN ZUM GANZEN HAUS. DIE SCHLICHT EINGERICHTETEN ZIMMER SIND IN WEICHEN PROVENZALISCHEN FARBEN GEHALTEN UND KÖNNEN ALLE MIT EINEM ELEGANTEN BADEZIMMER SAMT WANNE AUFWARTEN.

saisonalen Gerichte fast ausschließlich mit regionalen Produkten zu. Der Franzose kennt die Aromen seines Heimatlandes wie kein zweiter. Um die Auswahl der Zutaten kümmert er sich bis heute selbst. Der Käse kommt aus der Fromagerie du Comtat in Carpentras, die ein junges Pariser Ehepaar betreibt. Jean-Noel und Raymond Haut aus Caromb liefern kaltgepresstes Olivenöl, und Obst und Gemüse bezieht das Crillon le Brave vom Potager d'Olivier in Carpentras, Safran und Pfingstrosen zieht Amandine Fizet in Mormoiron. Bis auf einige Fischsorten stammen die meisten Zutaten aus einem Umkreis von etwa 40 Kilometern. Marseault wählt seine Trüffel sogar eigenhändig bei Eric Jaumard in Monteux aus und kauft seinen Nougat bei Pierre und Philippe Sylvain in Saint-Didier. Das reichhaltige Angebot an provenzalischen Spezialitäten oder wahlweise Detoxing und entspannende Yogastunden machen den Aufenthalt zur ganzheitlichen Erfahrung. Alltagshektik erscheint im Crillon le Brave wie aus einer anderen Welt. Gourmets gehen hier in den Weinbergen der Côtes-du-Rhône auf Schatzsuche, Rennradfahrer bereiten sich auf die anspruchsvolle Etappe am Mont Ventoux vor, Kulturfans wiederum besuchen die Künstlerateliers der Umgebung oder stöbern in den Antiquitätenläden von L'Isle-sur-la-Sorgue. Im Sommer locken Avignon und La Roque d'Anthéron mit beliebten Festivals. Gastfreundschaft bedeutet im Crillon le Brave mehr als ein Zimmer mit Frühstück. Nachhaltigkeit, aktive Denkmalpflege und eine tief empfundene Liebe zur provenzalischen Natur machen dieses luxuriöse Dorfhotel zum lebendigen Kulturerbe.

BERBER LODGE — MARRAKESCH, MAROKKO

Unaufgeregter marokkanischer Luxus

Traditionelle Pisé-Architektur und ländliches Flair machen die Berber Lodge zum zeitlos schönen Rückzugsort.

Nur 40 Kilometer südlich von Marrakesch legt in dem kleinen Ort Oumnas die Berber Lodge. Wie ein traditionelles Berberdorf schmiegen sich ihre Häuschen in die wilden Ausläufer des Atlasgebirges, umgeben von Palmen, Zitronenbäumen und einem alten Olivenhain. Obwohl nur eine halbe Stunde von der Stadt entfernt, fühlt man sich hier wie in einer anderen, längst vergangenen Welt.

Ideengeber des Projekts war der Architekt Romain Michel-Ménière aus der Schweiz. Gemeinsam mit den beiden Architekten von Studio KO, Karl Fournier und Olivier Marty, entwarf er neun individuelle Lodges, die rund um eine etwas größere Lodge gruppiert sind. Roséfarbene Tonziegel, Deckenbalken aus Eukalyptus und Palmdächer zitieren dabei traditionelle Bautechniken der Berber.

44 BERBER LODGE — MARRAKESCH, MAROKKO

BLÜTENWEISSE BETTWÄSCHE UND GEFLOCHTENE LAMPENSCHIRME BILDEN EINEN LÄSSIGEN KONTRAST ZU DEN NATÜRLICH-RAUEN WÄNDEN DER BERBER LODGE. DIE FARBEN SPIEGELN DIE UMLIEGENDE MAROKKANISCHE LANDSCHAFT WIDER.

IN RUSTIKALEM AMBIENTE LÄDT DER IDYLLISCHE, JADEFARBENE POOL ZWISCHEN DEN ALTEN OLIVENBÄUMEN ZU EINER KLEINEN AUSZEIT EIN. IN DER UMGEBUNG BIETEN SICH VERSCHIEDENE AKTIVITÄTEN WIE WANDERN UND REITEN AN.

Auch die puristische Inneneinrichtung in warmen Erdtönen stellte Michel-Ménière aus marokkanischen Materialien zusammen. Schilf- und Sisalmatten, Palmholzbalken und Graslampenschirme werden von Mid-Century-Mobiliar (angelehnt beispielsweise an den Diamond Chair von Harry Bertoias), französischen Antiquitäten und afrikanischen Artefakten gelungen ergänzt. Die ehemalige Mode- und Reiseexpertin Colette Vidal, eine gute Freundin, ergänzte zu der raffinierten Einfachheit Tontöpfe von Tamegroute, cremefarbene und schwarze Teppiche von Beni Ourain, Rattanmobiliar, ziegelfarbene Zellij-Fliesen, terrakottafarbene Wände, Poster, Baumwollvorhänge und Holzjalousien, die mit ihren gedämpften Farben für ein nostalgisches Ambiente sorgen. Im Haupthaus befinden sich neben dem Salon mit großem Kamin auch eine Bibliothek, eine charmante kleine Bar und ein Speisesaal. Die Unterkünfte im alten Olivenhain sind durch ein paar kleine offene Höfe verbunden. In den umliegenden weitläufigen Wüstengärten recken sich Feigenkakteen wie skurrile Kunstwerke der Land-Art in den Himmel. Auch uralte Kräuter- und Gewürzgärten sowie Grotten gehören zu den Pflanzenschätzen der Berber Lodge. Auf den hauseigenen Feldern wächst liebevoll gezogenes Biogemüse, aus dem Küchenchef Mono leckere rustikale Gerichte zaubert. Seine einfache Tajine aus den hauseigenen Quitten und Pfirsichen ist ein veritables kulinarisches Erlebnis.

Es braucht keine lauten Töne und viel Bling-Bling. Leise und bescheiden setzt die Berber Lodge auf das zeitlose Erfolgsrezept aus Stilsicherheit, Traditionsbewusstsein und kompromissloser Qualität.

BERBER LODGE, *MARRAKESCH, MAROKKO*

MATETSI VICTORIA FALLS   VICTORIA FALLS, SIMBABWE

Luxuriöse Lodge mit simbabwischer Seele

Für das nachhaltige Matetsi Victoria Falls Reserve hat Tier- und Umweltschutz höchste Priorität.

An einem 15 Kilometer langen Uferstreifen des Sambesi erstreckt sich das Matetsi Private Game Reserve auf beeindruckenden 54.000 Hektar unberührter Wildnis. Nur 40 Kilometer flussabwärts stürzen die UNESCO-geschützten Victoriafälle in die Tiefe.

Das Matetsi Victoria Falls wird als unabhängige Premium-Lodge von dem simbabwischen Geschäftsmann John Gardiner und seiner Familie geführt. Nachdem er die besten Camps in ganz Afrika besucht und beruflich den ganzen Erdball bereist hatte, legte Gardiner die Messlatte für sein eigenes Camp besonders hoch: Seine Tourguides gehören zu den besten des Landes. Mehrere solarbetriebene Wasserpumpen reduzieren die Umweltbelastung der Lodge. Das hauseigene Anti-Wilderer-Team arbeitet mit Hightech-Equipment. Moderne Natura-Wasserzapfanlagen spenden sauberes stilles oder sprudelndes Wasser, das in Glasflaschen aus Recycling-Glas ausgegeben wird. Insgesamt investierte Gardiner

MATETSI VICTORIA FALLS

VICTORIA FALLS, SIMBABWE

DIE LODGE AM FLUSS BEHERBERGT NEUN GERÄUMIGE SUITEN UND ZWEI GEMEINSCHAFTS-LOUNGES. AM UFER LIEGEN DIE ÜBERDACHTE TERRASSE UND DAS TAUCHBECKEN. DER ESSBEREICH LÄDT MIT SEINER FEUERSCHALE ZUM DINIEREN ZWISCHEN DEN BÄUMEN EIN.

knappe 8 Millionen Euro in seinen Traum einer umweltfreundlichen Öko-Lodge, die nun eine der schönsten im Land ist.

Das Design der Lodge zitiert gekonnt die afrikanische Umgebung: Kerry van Leenhoff, eine junge lokale Architektin von Form Studio Design aus der Hauptstadt Harare, hat die Lodge als eine Art Naturretreat konzipiert. Sie wollte, dass die Gäste eine besonders intensive Verbindung zum Sambesi erleben. Die beiden Flusscamps von van Leenhoff verteilen sich mit je neun Suiten entlang des privaten Ufers. Voluminöse Holzstützen spiegeln die majestätischen Bäume rings um die Hütten. Gelungen verbindet das Interieur simbabwische Kultur mit westlichem Komfort: Boote, die einst als Flussfähren im Einsatz waren, hängen wie riesige Windspiele neben den Eingängen. Die gewundenen Tischbeine im Essbereich erinnern an lokale Fischreusen. Kupferne Elemente in der gesamten Lodge ähneln simbabwischen Schmuck und die geflochtenen Lampenschirme sind traditionellen Fischkörben nachempfunden. Die natürliche Farbpalette reicht von ungebranntem Ton über Ockertöne und oxidiertes Metall bis Hellblau. Der ethnische Einfluss auf das handverlesene Kunsthandwerk sowie auf Muster und Farben ist unübersehbar.

Die Innen- und Außenbereiche harmonieren sowohl miteinander als auch mit ihrer inspirierenden Umgebung. Der zwölf Meter lange Infinity-Pool lädt zum Bad ein und der Fluss zur Kanutour oder zum Angeln. Dazu werden regelmäßige Safarifahrten im über 50.000 Hektar großen, unberührten Privatgelände angeboten. Das Private Game Reserve befindet sich schließlich innerhalb der riesigen Kavango-Zambezi Transfrontier Conservation Area (TFCA), die sich als ausgewiesenes Naturschutzgebiet über Teile von Simbabwe, Sambia, Namibia, Botswana und Angola erstreckt. Mit seinen wirkungsvollen und umweltfreundlichen Initiativen – vom Tierschutz über aktives Recycling bis hin zur Förderung lokaler Kunsthandwerker, Gemeinschaften und Talente – übernimmt das Matetsi Victoria Falls eine maßgebende und weithin ausstrahlende Vorbildfunktion.

Bauernhof der Zukunft

Die restaurierten Hofgebäude des Le Barn liegen im Forêt de Rambouillet südlich von Paris und beweisen, wie sich Eleganz mit einer ländlichen Umgebung vereinbaren lässt.

Le Barn verkörpert perfekt das heutige Motto „Work hard, relax harder". Jedes Wochenende pilgern gestresste Pariser in den Forêt de Rambouillet, um hier in umgebauten Scheunen ihre innere Balance wiederzufinden. Nur 45 Minuten vom Zentrum der französischen Hauptstadt entfernt bietet Le Barn einen verwunschenen Zufluchtsort fern des städtischen Alltags. Die Reise in die Natur ist schließlich immer auch eine Reise zu sich selbst.

Gelungen verwandelten die Eigentümer eine alte Mühle, mehrere Scheunen und sogar einen Schafstall in das moderne Entspannungshotel Le Barn. Ringsum erstrecken sich Wiesen, Pferdeweiden und Wälder. Die Reitschule Haras de la Cense liegt gleich nebenan, und freilaufende Pferde, Hasen, Reiher und Rehe vermitteln das Gefühl einer authentischen Natur. Der Hotelier Edouard Daehn ist Leiter des Projekts. Seine Vision war ein völlig neues Hotelerlebnis. „Wir haben Le Barn als Alternative zum eigenen Landhaus konzipiert. Gleichzeitig wollen wir eine Gemeinschaft gleichgesinnter Gäste aufbauen", erklärt er. Die Hofgebäude aus dem 19. Jahrhundert wurden sorgsam restauriert und nun arbeitet Le Barn energieeffizient und nachhaltig. Die

54 LE BARN — ÎLE-DE-FRANCE, FRANKREICH

DIE HOTELBAR UND DAS RESTAURANT BEFINDEN SICH IN EINEM GROSSZÜGIGEN, SONNENDURCHFLUTETEN RAUM MIT WEITEM BLICK ÜBER DIE FELDER (RECHTS). DIE SCHÖNE LOUNGE LÄDT ZUM ENTSPANNEN UND PLAUDERN EIN.

DIE GÄSTEZIMMER SIND GESCHMACKVOLL IN WEICHEN SCHIEFERGRAU- UND WEISSTÖNEN GEHALTEN. IM EIGENEN, CREMEFARBEN GEFLIESTEN BAD LÄSST ES SICH WUNDERBAR IN DER WANNE ENTSPANNEN. JEDES ZIMMER HAT EINEN EIGENEN BALKON.

ZU DEN HIGHLIGHTS DES LE BARN GEHÖRT SEINE NATURVERBUNDENHEIT. GEGESSEN WIRD UNTER FREIEM HIMMEL IM HOHEN GRAS. DIE LICHTDURCHFLUTETEN ZIMMER SIND MIT HANDGEPFLÜCKTEN WILDBLUMEN DEKORIERT.

Hauptbereiche nutzen Öfen anstelle von Sonnenkollektoren. Recycelte Holzbalken bilden die Eingangstore des Anwesens. Für die Renovierungsarbeiten wurden lokale Partnerschaften etabliert und garantieren ebenfalls Nachhaltigkeit. Die Regenwasseranlage sammelt Regenwasser, um es später gefiltert wieder den lokalen Flüssen zuzuführen und so Überschwemmungen und Erdrutsche zu vermeiden.

Für das klare, elegante Design von Le Barn wurde das Grafikdesignstudio Be-pôles beauftragt. Die Wände erzählen von Ausritten und Abenteuern: Alte Landkarten und Gemälde mit Cowboy- und Pferdemotiven schaffen ein malerisches Ambiente. Zeitlose Fotografien, Zinnbecher für den Kaffee und Korkvertäfelungen hinter den Betten laden zum Abschalten ein. Das ist auch wörtlich gemeint: Die Gäste sollen offline und analog entspannen – und das Hotel nicht nur als Selfie-Kulisse ansehen.

Die Gründer von Be-pôles, Antoine Ricardou und Clémentine Larroumet, betonen jedoch, dass die Atmosphäre dazu lediglich einladen, aber nicht drängen möchte: „Der Gast merkt, wenn ein Konzept zu gewollt ist. Die richtige Atmosphäre entsteht aus der Kombination von Einfachheit, Zeitlosigkeit und Spontanität." Statt neue Strukturen oder ein strenges Farbschema für das Hotel zu entwickeln, konzentrierten sie sich stattdessen auf die Schaffung einer „authentischen landwirtschaftlichen Umgebung". So harmonieren kupferfarbene Wände mit rot gestreifter Bettwäsche, die die braunen Scheunendächer zitiert. In den Zimmern erinnern die stylishen Papiertaschen von Be-pôles an klassische

LE BARN ÎLE-DE-FRANCE, FRANKREICH

Zucker-, Saat- oder Mehlsäcke. Die umfassend restaurierten Farmgebäude werden von Eiffel-Stahlrahmen gestützt. Genauso einzigartig wie dieser architektonische Ansatz ist die Idee dahinter: Wände und Böden sollen in zehn bis zwanzig Jahren leicht entfernt werden können, ohne die Rahmenstrukturen anzutasten. Das Innere der Scheunen ist in Schlafzimmer, Suiten und ein Zimmer mit Etagenbetten für Kinder oder Reiter unterteilt. Im Gemeinschaftsbereich findet sich das von Tageslicht durchflutete Restaurant La Serre – Französisch für „Gewächshaus". Ist der hauseigene Gemüsegarten einmal fertiggestellt, sollen hier hauptsächlich regionale und saisonale Zutaten serviert werden. In der ehemaligen Getreidemühle befindet sich heute ein Spa- und Wellnessbereich mit Sauna, Hamam und mehreren Anwendungsräumen, in denen Ayurveda-Massagen und osteopathische Behandlungen angeboten werden. Die beiden nordischen Freiluftbäder werden mittels Holzofen beheizt und versprechen perfekte Entspannung nach einer Waldwanderung, einer Radtour oder einem spannenden Pferdeflüsterseminar.

Umweltschutz mit Stammbaum

Das 200 Jahre alte Familienanwesen São Lourenço do Barrocal liegt in einer besonders trockenen Region Portugals. Heute überzeugt der historische Hof mit entspanntem Luxus und einer lang gewachsenen Tradition der Nachhaltigkeit.

SÃO LOURENÇO DO BARROCAL ALENTEJO, PORTUGAL

Die weitläufigen Weinberge, mattgrünen Olivenhaine und vereinzelten Korkeichen des Alentejo reichen bis zum Horizont. Seit Jahrhunderten hat sich diese Landschaft kaum verändert. Mit ihrer bezaubernden Schönheit haftet der Region fast etwas Biblisches an. Hier liegt das außergewöhnliche São Lourenço do Barrocal kurz hinter dem kleinen Ort Monsaraz, der mit seiner mittelalterlichen Festung zu Recht als eines der schönsten Bergdörfer des Landes gilt. Das Anwesen war seit acht Generationen im Familienbesitz, als José António Uva es erfolgreich wiederaufbaute und in eine luxuriöse Oase verwandelte. Der ehemalige Banker war im Jahr 2002 in seine Heimat zurückgekehrt und in eines der kleineren Hofgebäude gezogen, um sich vor der Instandsetzung eine Weile intensiv mit dem Potenzial des Hauses zu beschäftigen.

SÃO LOURENÇO DO BARROCAL

ALENTEJO, PORTUGAL

LUXUS UND KOMFORT GREIFEN HIER HARMONISCH INEINANDER. WEICHER SONNENSCHEIN FÄLLT
IN DIE ZIMMER, DIE MIT HOLZMÖBELN UND WARMEN TERRAKOTTAFLIESEN GESTALTET SIND.
HÜBSCHE WANDBEHÄNGE SPIEGELN DIE FARBEN DER PORTUGIESISCHEN LANDSCHAFT WIDER.

Er realisierte, dass die landläufige Vorstellung von Nachhaltigkeit oft deutlich an der Realität vorbeigeht: „Man kann Nachhaltigkeit nicht auf Zertifikate, Checklisten und Beratungsfirmen reduzieren, die nach starren Vorgaben arbeiten. Ich habe in diesem trockenen Landstrich einen viel pragmatischeren Ansatz verfolgt und denke, dass Nachhaltigkeit über Generationen aufgebaut wird. Nur so kann Wachstum und Langlebigkeit sichergestellt werden." Zu einem Banker passe dieses Denken so gar nicht, ergänzt er. Für den zählten nur die kurzen Zeitabschnitte zwischen Investment und Gewinnausschüttung. „Gleichzeitig bedeutet Nachhaltigkeit nicht Stillstand. Um einen Hof – genau wie Gewohnheiten, Bekanntschaften oder ein bestelltes Feld – lebendig zu halten, braucht es ein gewisses Maß an Zeit und Mühe. Und manchmal muss man etwas komplett neu erfinden, um es am Leben zu erhalten." Uva stellte Nachforschungen zur Geschichte des Anwesens an und stieß auf visionäre Ideen seiner Vorväter. Im Jahr 1820 hatte ein Urahn den Hof gekauft und dessen Ertrag mit rationalisierten Arbeitsprozessen gesteigert. Seine praktische Architektur prägt noch heute die Hofgebäude. Dazu hatte er einen Winzerverband gegründet und jedem Mitglied, das sich zum Weinanbau verpflichtete, alleiniges Bodennutzungsrecht versprochen. Noch heute, also 200 Jahre später, stellt die Gemeinde die größte Anzahl von

DER BESITZER STELLTE NACHFORSCHUNGEN
ZUR GESCHICHTE DES ANWESENS AN

UND STIESS AUF VISIONÄRE IDEEN
SEINER VORVÄTER.

SÃO LOURENÇO DO BARROCAL ALENTEJO, PORTUGAL

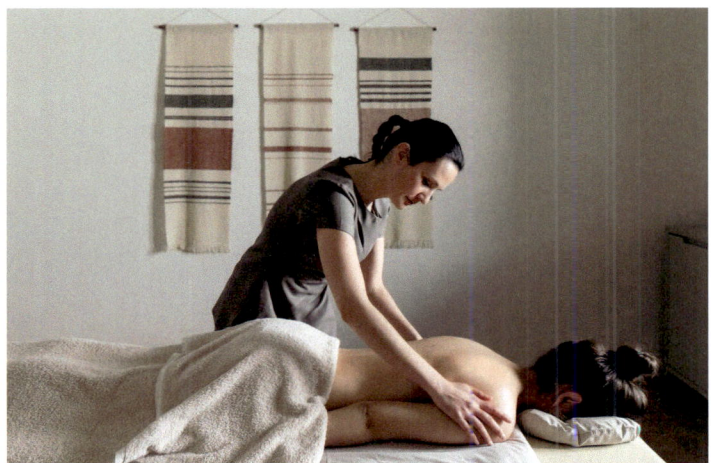

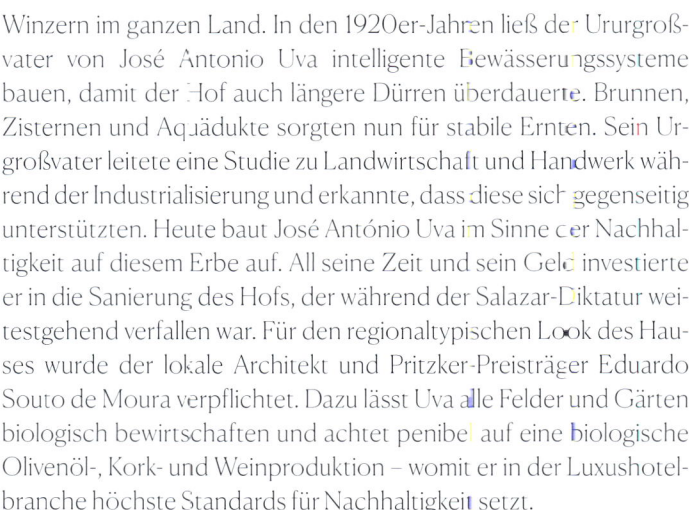

Winzern im ganzen Land. In den 1920er-Jahren ließ der Ururgroßvater von José Antonio Uva intelligente Bewässerungssysteme bauen, damit der Hof auch längere Dürren überdauerte. Brunnen, Zisternen und Aquädukte sorgen nun für stabile Ernten. Sein Urgroßvater leitete eine Studie zu Landwirtschaft und Handwerk während der Industrialisierung und erkannte, dass diese sich gegenseitig unterstützten. Heute baut José António Uva im Sinne der Nachhaltigkeit auf diesem Erbe auf. All seine Zeit und sein Geld investierte er in die Sanierung des Hofs, der während der Salazar-Diktatur weitestgehend verfallen war. Für den regionaltypischen Look des Hauses wurde der lokale Architekt und Pritzker-Preisträger Eduardo Souto de Moura verpflichtet. Dazu lässt Uva alle Felder und Gärten biologisch bewirtschaften und achtet penibel auf eine biologische Olivenöl-, Kork- und Weinproduktion – womit er in der Luxushotelbranche höchste Standards für Nachhaltigkeit setzt.

Uvas Ehefrau Ana Anahora ist eine erfolgreiche Innenarchitektin. Sie gestaltete die Räume mit zurückhaltenden Farben, Wildblumen und individueller Keramik, die in Zusammenarbeit mit Caldas da Reinha entstand. Das handgefertigte Mobiliar wurde mit dem Nachwuchstalent und Zimmermann Tomas Viana entwickelt. Liebe zum Detail und entspannter Luxus durchziehen das Haus. Antike Türen und Balken ließ Anahora recyceln und zu Couchtischen umarbeiten. Gemeinsam mit der jungen Künstlerin Henriette Arcelin integrierte sie Fotografien aus dem Familienarchiv und alte Erbstücke in das Interieur. Rund ums Jahr beschenkt der hauseigene Biogemüsegarten die Küche mit gesunden Lebensmitteln. Über ihn wacht stoisch ein 6.000 Jahre alter Menhir, der den Wechsel der Jahre, Jahrzehnte und Jahrhunderte nicht einmal zu bemerken scheint – als wolle er daran erinnern, dass Nachhaltigkeit langfristig gedacht werden will.

Mit der Natur verschmolzen

ANI VILLAS DIKWELLA

Die von AW² entworfenen Ani Villas in Dikwella bauen mit lokalen Ressourcen, natürlichem Design und regionaler Unterstützung auf ein einzigartiges Konzept.

Der Visionär Tim Reynolds ist kein gewöhnlicher Hotelbesitzer. Seit der Ausnahmehotelier im Rollstuhl sitzt, hat sich seine Perspektive auf die Zukunft des Planeten grundlegend verändert. Die knapp 5 Hektar Land der Ani Villas fallen sanft in Richtung Meer ab, blühende Vegetation rahmt die 15 Suiten. Die Natur spielt hier unübersehbar die Hauptrolle und wurde nicht zum dekorativen Vorgarten degradiert, sondern als Erweiterung der Architektur betrachtet. Hier passen sich menschengemachte Strukturen der natürlichen Umgebung an – und nicht umgekehrt.

Von Anfang an verknüpfte Reynolds seine Luxusvillen mit aktiver Kunsterziehung. Die Kunstschule der Ani Villas möchte das Bildungsniveau in den umliegenden Gemeinden verbessern und kämpft damit effektiv gegen Armut und Arbeitslosigkeit. Das Hotel finanziert die Schule komplett aus seinen Einnahmen. Zehn Fahrminuten von den Villen entfernt absolvieren 40 Jugendliche zwischen 16 und 18 Jahren eine umfassende Ausbildung. Neun Stunden pro Tag erhalten sie Zeichen- und Fotografieunterricht sowie volle Verpflegung. Werkzeug und Zubehör für eigene kreative Projekte werden von der Schule kostenfrei gestellt. Belohnt wird die dreijährige Ausbildung mit einem staatlich anerkannten Kunstabschluss.

ANI VILLAS DIKWELLA

DIE FREI STEHENDEN UNTERKÜNFTE UND GEMEINSCHAFTSBEREICHE DER ANI VILLAS SIND AUS MASSIVEN HOLZBALKEN GEFERTIGT. MANCHE RÄUME ERSTRECKEN SICH ÜBER DIE DOPPELTE HÖHE, WIE DER GERÄUMIGE GEMEINSCHAFTSSALON (VORIGE SEITE), DESSEN ÜBERHÄNGENDES DACH SEINE GROSSZÜGIGEN MASSE NOCH BETONT.

HÖLZERNE LATTENSTRUKTUREN UND LAMELLENJALOUSIEN SORGEN FÜR NATÜRLICHE BELÜFTUNG – EIN MUSS IN TROPISCHEN BREITENGRADEN. SIE SORGEN AUSSERDEM FÜR EIN MALERISCHES SPIEL VON LICHT UND SCHATTEN.

AW² aus Paris haben die Villen mit maximalem Respekt für die Topografie, die Kultur und das sensible Ökosystem der Umgebung gestaltet. „Das Design unserer Entwürfe hat sich schon immer an den örtlichen Gegebenheiten orientiert", erklären die Gründer Reda Amalou und Stéphanie Ledoux. Die tropisch-moderne Architektur der Villen fügt sich harmonisch in die Landschaft ein. Das warme Klima verleitete AW² zur Schaffung von geschützten Interieurs und erweiterten Außenbereichen. Verlängerte Dächer und Bäume spenden wohltuenden Schatten. Ein kluges Belüftungssystem reduziert den Energieverbrauch.

Beim Bau der An Villas wurde in die Topografie des Geländes fast gar nicht eingegriffen. Da das Erdreich weder abgetragen noch aufgeschüttet wurde, konnte man auf den Einsatz von Lastwagen verzichten. Kein einziger Baum wurde gefällt – dafür mussten die Architekten die Ausrichtung und die Ausblicke der Villen besonders sorgfältig um die 30 bis 100 Bäume herum planen. Schonend arbeiteten AW² mit vorgefertigten Strukturen und FSC-zertifiziertem Holz, um das Gelände so wenig wie möglich zu strapazieren. Bis hin zum Mobiliar wurde die gesamte Einrichtung in der Region gefertigt, was die Architekten gleichzeitig dazu nutzten, die Mitarbeiter direkt vor Ort zu schulen. „Wir glauben an Open Sourcing und Open Training: Wenn wir der lokalen Bevölkerung zeigen, wie man stabiler bauen, mit Holzrahmen arbeiten oder vorhandene Baustrukturen neu nutzen kann, wirkt sich das unmittelbar auf die Arbeitskraft der Region aus", erläutern Reda Amalou und Stéphanie Ledoux. „Unsere Philosophie ist ganz einfach: Nutze lokale Ressourcen, gestalte Hand in Hand mit der Natur und beziehe die lokale Bevölkerung mit ein."

MASSERIA MOROSETA APULIEN, ITALIEN

Dolce Vita in Apulien

Mit ihrem modernen Ansatz revolutioniert die Masseria Moroseta stilvoll die Architektur eines typischen Bauernhofs.

Die weiß getünchte Masseria Moroseta liegt im Herzen Apuliens. Von einem Bergrücken aus blickt das luxuriöse Anwesen über einen fünf Hektar großen, jahrhundertealten Olivenhain bis hinunter zur Adria.

Andrew Trotter, der Herausgeber eines Architektur- und Designmagazins, verantwortet den eleganten Look des Hauses. Er ließ sich dafür von den traditionellen *masserie* (ital. für Bauernhäuser) der Region inspirieren. Fern der illustren Londoner Büros von Yohji Yamamoto, Alessi und Anouska Hempel, für die er einst gearbeitet hat, lernte er erst nach seinem Umzug nach Spanien und Italien die Designsprache wirklich kennen. Im Jahr 2010 gründete Trotter in Barcelona den Designshop Openhouse und 2014 folgte sein *Openhouse Magazine*, in dem Künstler und Kreative der Leserschaft ihre Häuser und privaten Rückzugsräume präsentieren.

Drei Jahre lang suchte Trotter nach dem perfekten Design und den geeigneten Bautechniken für die Masseria. Er wünschte ein

MASSERIA MOROSETA — APULIEN, ITALIEN

TRADITIONELLE ELEMENTE WIE DER ZENTRALE PATIO, KLASSISCHE BOGENTRAGWERKE, WEISS VERPUTZTE WÄNDE UND BÖDEN AUS BEWÄHRTEM KALKSTEIN ERGÄNZEN DAS MODERNE DESIGN DES BAUERNHAUSES DER MASSERIA MOROSETA (VORIGE SEITEN UND OBEN).

DIE SECHS SCHLAFZIMMER UND DIE GEMEINSCHAFTSBEREICHE WIE DER SALON (OBEN UND LINKS UNTEN) SIND MINIMALISTISCH EINGERICHTET. GEMAUERTE GEWÖLBEDECKEN ZAUBERN EIN STIMMIGES FLAIR.

modernes Haus, das sich dennoch harmonisch in den alten Olivenhain einfügt. Die Lösung war ein zeitgemäßer Hof aus regionalen Materialien, der in der Geschichte der Gegend verwurzelt ist. Die Masseria versteckt sich hinter einer minimalistischen Mauer und ist rund um einen zentralen Innenhof angeordnet. Zu jeder Seite liegen drei Räume mit Gewölbedecken. 75 Zentimeter dicke Wände und hoch ummauerte Privatgärten mit Orangenbäumen oder Terrassen sorgen für wertvolle Privatsphäre. Die gemeinschaftlich genutzten, vorgelagerten Lounge-Bereiche laden zum Entspannen ein. Aus den großen Fenstern im Entrée des Wohnzimmers fällt der Blick über Olivenbäume und den Pool bis zum Meer.

Für den Innenbereich wählte Eigentümer Carlo Lanzini italienisches Design, etwa die Leinenstoffe von Blow, farbenfrohe Keramiken der Familie Fasano sowie Antiquitäten, Dekor und Teppiche von den berühmten Möbelmärkten der Region. Dazu kombinierte er klassische Designerstücke wie etwa eine Chaiselongue von Le Corbusier oder eine Lampe von Arco. Ländliche Einfachheit verbindet sich hier mit Stil.

Die Masseria wurde aus dem charakteristischen lokalen Sandstein *tufo*, einer Art Kalktuff, erbaut. Zudem verwendete man alle Steine, die bei den Aushebungen auf dem Gelände zum Vorschein kamen. Dank der fast einen Meter dicken Wände und der umweltfreundlichen Isolierung aus Recyclingmaterial kommt die Masseria Moroseta im Sommer fast ohne Klimaanlage und im Winter fast ohne Heizung aus. In den Wohnbereichen minimiert ein natürliches Belüftungssystem den Bedarf an künstlicher Kühlung. Sonnenkollektoren versorgen das Haus

DREI JAHRE LANG SUCHTE TROTTER
NACH DEM PERFEKTEN DESIGN

UND DEN GEEIGNETEN BAUTECHNIKEN
FÜR DIE MASSERIA.

MASSERIA MOROSETA — APULIEN, ITALIEN

EIN AUSSENPOOL LIEGT NEBEN DEM FÜNF HEKTAR GROSSEN BIO-OLIVENHAIN DES BAUERNHOFS (LINKE SEITE). ER BIETET NICHT NUR EINEN ERHOLSAMEN RÜCKZUGSORT BEI DEN ANGEBOTENEN YOGARETREATS, SONDERN AUCH EINEN ATEMBERAUBENDEN BLICK AUF DIE ADRIA.

IN DER MASSERIA MOROSETA FINDET DAS LEBEN ÜBERWIEGEND UNTER FREIEM HIMMEL STATT. GEGESSEN WIRD GEMEINSAM IM HOF (UNTEN), ZUDEM VERFÜGT JEDES ZIMMER ÜBER EINEN EIGENEN AUSSENSITZBEREICH.

mit Strom und Wärme. Das Wasser bezieht der Biohof aus seinem eigenen Brunnen.

Im hauseigenen Restaurant Masseria veredelt das Küchenteam apulische Traditionsgerichte mit zeitgenössischen Einflüssen aus aller Welt. „Wir arbeiten mit lokalen Produkten und achten auf einen kleinen ökologischen Fußabdruck", erklärt der Eigentümer. „Kurze Transportwege, lokale Kooperationen und Nachhaltigkeit sind uns ebenso wichtig wie Essensrituale und Feldbewirtschaftung im Einklang mit den Jahreszeiten." Unter der Leitung von Chefköchin Giorgia Eugenia Goggi werden hier täglich Leckereien serviert. Alle Zutaten und Getränke der Masseria werden entweder im hoteleigenen Garten angebaut oder von lokalen Bauern, Erzeugern und Handwerkern angekauft. Von seinen über 650 hundertjährigen Olivenbäumen gewinnt das Hotel sein extra natives Olivenöl *Vecchia scuola*. Das kalt gepresste Öl findet übrigens nicht nur in der Küche, sondern auch in einer umweltfreundlichen Kosmetikserie Verwendung. Eigens für Gäste der Masseria Moroseta angefertigt, werden die Pflegeprodukte mit ätherischen Ölen aus dem aromatischen Kräutergarten verfeinert.

MASSERIA MOROSETA, *APULIEN, ITALIEN*

AUF LEISEN SOHLEN

Wie baut man am besten ein Luxusresort in einer der schönsten und fragilsten Gegenden der Welt? Im Fall des Salar de Uyuni, einer Salzwüste, die sich fast unwirklich über den bolivianischen Altiplano erstreckt, ist die Antwort einfach: gar nicht. Stattdessen laden Amazing Escapes hier zum nachhaltigen Luxuscamping ein. Extravagante Zelte im Stil einer von Buckminster Fuller gestalteten Raumstation lassen die sensible Umgebung nahezu unberührt. Zugleich versetzen die weißen Kuppeln aus lauter gleichseitigen Dreiecken den Gast in ein skurriles *Mad-Max*-Ambiente.

Essenziell – und nur eine von vielen Lösungen für mehr Nachhaltigkeit – ist die behutsame Adaption des Hotelbetriebs an die Umgebung. Visionäre Projekte wie das Luxuscamp von Amazing Escapes geben bewussten Reisenden sowohl kreative Inspiration als auch zukunftsweisende Praktiken an die Hand, auf die sie – vielleicht sogar zu Hause – aufbauen können. Genauso wichtig ist die Zusammenarbeit mit der lokalen Bevölkerung. Obwohl die bolivianischen Nachbarn des Camps zunächst skeptisch waren, unterstützen sie heute geschlossen das Projekt. Die strengen Umweltrichtlinien von Amazing Escapes und die komplette Stromversorgung via Sonnenkollektoren überzeugten auch die letzten Kritiker. Selbst bei starkem Wind lassen sich die acht Zeltsuiten in weniger als 48 Stunden aufbauen. Nach ihrem Abbau am Ende der Saison wirkt die einzigartige Salzwüste wieder so unberührt wie zuvor.

Ebenso sensibel arbeitet Tierra Chiloé, das nach traditionellen Bautechniken auf der chilenischen Halbinsel Chiloé errichtet wurde. Gelungen hat das Hotel lokale Elemente in sein Konzept integriert und dafür etwa chilenische Designer mit einheimischen Handwerkern zusammengebracht. Die kluge Architektur des Hauses nutzt natürliche Energiequellen besonders effektiv und schöpft das Potenzial dank einer exakten Studie der Umgebung voll aus.

Das einzige Gegenmittel für das schnelle Dahinschwinden unserer Biodiversität ist möglichst wenig persönlichen Einfluss auf die Natur zu nehmen. Nach diesem Grundsatz arbeitet auch das Pariser Unternehmen AW². Für das vietnamesische Six Senses Con Dao entwarf das Team ein viel beachtetes Konzept mit vorgefertigten und recycelten Elementen. Heute betreiben die AW²-Gründer Reda Amalou und Stéphanie Ledoux die Ani Villas Dikwella in Sri Lanka. „Für uns ist die positive Auswirkung wichtiger als Effekthascherei", erklärt das Duo. Bescheiden fügen sich ihre Villen in die Umgebung ein. Beim Bau stand der Respekt vor der Topografie an erster Stelle.

JEDES DER KUPPELZELTE BIETET EIN EIGENES BAD MIT WARMWASSER. DAFÜR ARBEITETEN AMAZING ESCAPES MIT EINEM UNTERNEHMEN ZUSAMMEN, DAS AUF EFFIZIENTE WASSERVERSORGUNG UND ERNEUERBARE ENERGIEN SPEZIALISIERT IST.

AUF LEISEN SOHLEN

(OBEN) DIE LODGE ZEIGT EINEN GELUNGENEN MIX AUS
TRADITIONELLEN BAUTECHNIKEN UND MODERNEM
DESIGN. DIE BODENTIEFEN FENSTER WERDEN VON EINEM
WEITEN DACH ÜBERSPANNT.

(RECHTS) BEI DER RESTAURIERUNG DER TYPISCH LANGEN,
NIEDRIGEN UND WEISSGETÜNCHTEN HOFGEBÄUDE
ACHTETEN DIE EIGENTÜMER DES BARROCAL AUF DEN
SCHUTZ DER LÄNDLICHEN UMGEBUNG.

UNTERKÜNFTE, DIE MIT DER UMGEBUNG VERSCHMELZEN

Auf Grabungs- und Planierarbeiten wurde daher komplett verzichtet, ebenso auf Lastwagen, und alle Bäume auf dem Gelände blieben erhalten. Dank andernorts vorfabrizierter Fertigbauteile aus zertifiziertem Holz wurde nur minimal in die Natur eingegriffen. „Unsere Designphilosophie ist ganz einfach: Wir nutzen lokale Ressourcen, gestalten Hand in Hand mit der Natur und beziehen die lokale Bevölkerung mit ein."

Nachhaltige Ansätze in Design und Architektur erfahren im Zuge eines wachsenden Umweltbewusstseins immer mehr Aufmerksamkeit. Der Erhalt und die Renovierung bestehender Bauten bedeutet dabei oft die umweltfreundlichste Lösung. Auf einer abgelegenen Halbinsel auf Gotland ragen die Fabriken Furillen aus den Ruinen eines ehemaligen Kalksandsteinwerks. Der Fotograf und Unternehmer Johan Hellström verwandelte die alten Industriegebäude in ein spektakuläres Designhotel, das behutsam die Vergangenheit der Insel bewahrt – und deren Geschichte weiterschreibt.

Dasselbe Prinzip verfolgte man beim São Lourenço do Barrocal im portugiesischen Monsaraz. Der Erbe in achter Generation, José Antonio Uva, hat mithilfe des Pritzker-Preisträgers Eduardo Souto de Moura seinen 200 Jahre alten Familienbetrieb in ein wunderschönes Hotel umgebaut. Traditionelle Architekturmerkmale wurden sensibel erhalten. Persönliche Briefe und alte Familienfotos schmücken die Wände und schlagen eine Brücke in die Vergangenheit.

Erhalt und Renovierung lohnen sich in der Stadt genauso wie auf dem Land. In Hongkong restaurierte die Kreativagentur A Work of Substance das aparte The Fleming, ein am Wasser gelegenes Hotel aus den 1970er-Jahren. Sein Hauptaugenmerk legte das Team dabei auf das maritime Erbe der Stadt, das nun von der Architektur über die Farbgebung bis hin zur Schrift zitiert wird.

Anders, aber ebenso nachhaltig sind Unterkünfte, die mit ihrer natürlichen Umgebung förmlich verschmelzen – Holzhütten, Baumhäuser und moderne Camps. Die besten Beispiele dafür sind das Ventana Big Sur von Alila Resort, ein Luxuscamp an der zerklüfteten Küste Kaliforniens, und das Coucoo Grands Chênes, dessen Baumhäuser nahe Paris in den Kronen hundertjähriger Eichen schweben. Nicht selten folgen solche naturnahen Konzepte biomimetischen Prinzipien und empfangen ihre Gäste in Höhlen oder Vogelnestern.

Natur lässt sich nicht optimieren. Aber gern inspiriert und unterstützt sie engagierte Hoteliers dabei, einen wertvollen Beitrag für den Erhalt unseres schützenswerten Planeten zu leisten.

Im Spiegel der Natur

Inmitten von Weinbergen fasziniert das Sacromonte Landscape Hotel mit moderner Architektur, gelebter Nachhaltigkeit und erntefrischen Delikatessen.

SACROMONTE

MALDONADO, URUGUAY

Inmitten einer der gefragtesten Regionen Uruguays, in Maldonado, liegt das Sacromonte Landscape Hotel – stilvolles Eco-Resort und Weingut zugleich. Über seine großzügigen 100 Hektar Land erhebt sich die zerklüftete Sierra, und die benachbarten Orte Punta del Este, José Ignacio und Pueblo Garzón gelten als beliebte Urlaubsziele. Das Konzept für die traumhafte Anlage mit ihren 13 Hütten entwickelte der peruanische Architekt Edmond Borit.

Borit ist ein klassischer Aussteiger. Nach aufregenden Jahren in Lima und São Paulo, wo er für ein internationales skandinavisches Unternehmen arbeitete, wuchs seine Sehnsucht nach dem einfachen Leben fern der Bürotelefonate und Flughäfen – und einem eigenen Weingut. Schon sein Großvater war Winzer und als 30-Jähriger von Frankreich nach Peru ausgewandert, um dort seine eigenen zwei Weinberge – einer davon mit Namen

82 SACROMONTE — MALDONADO, URUGUAY

DAS RESTAURANT UND DIE HÜTTEN SIND MUTIG TOPMODERN GESTALTET (VORIGE DOPPELSEITE). DANK NATÜRLICHER MATERIALIEN FÜGEN SIE SICH NAHTLOS IN DIE ATEMBERAUBENDE LANDSCHAFT EIN. EINE PRIVATTERRASSE MIT KREISRUNDEM POOL GEHÖRT ZUR STANDARDAUSSTATTUNG JEDES HÄUSCHENS (RECHTE SEITE).

Sacromonte – zu führen. Auf der Suche nach der besten Erde für den Weinanbau erwies sich für Borit die raue, steile und felsige Umgebung der Region als ideal: Eine dicke, 580 Millionen Jahre alte Granitschicht im Boden lässt das Regenwasser natürlich abfließen und reichert die Erde gleichzeitig mit wertvollen Mineralien wie Marmor, Quarzit und Glimmerschiefer an. Hier sollte das nachhaltige Konzept eine Heimat finden.

Die hauseigene Kellerei samt angeschlossenem Restaurant macht das Sacromonte zum Traumziel für Weinliebhaber. Für das umweltfreundliche Design des Hotels zeichnen MAPA Architects verantwortlich. Sie beauftragten ein Unternehmen aus der 200 Kilometer entfernten Hauptstadt Montevideo mit der Produktion der modularen Ferienhäuschen, von wo sie bereits zusammengebaut zum Sacromonte transportiert wurden. Begrünte Dächer und emissionsarmes Glas sorgen für hohe Umweltverträglichkeit. Die einfachen Stahlrahmen stehen auf Fundamenten aus lokalen Materialien. Die Häuschen und das Restaurant spiegeln ihre Umgebung ganz sprichwörtlich wider: MAPA Architects verkleideten die Fassaden mit spiegelndem Rauchglas, das die grüne Umgebung mit ihren Stauseen und klaren Bächen schimmernd zurückwirft. Symbolisch greift die Architektur damit auch optisch nur minimal in die Natur ein. Hinter den Spiegelfassaden verstecken sich private Rückzugsräume mit eichengetäfelten Wänden, dunklen Steinböden und modernem, nachhaltigem Mobiliar. Die Rückwände erinnern mit gestapelten Hölzern an traditionelle Blockhütten.

Auf einem nahen Hügel verwöhnt das Restaurant des Sacromonte seine Gäste mit saisonalen, erntefrischen Köstlichkeiten aus dem eigenen Biogemüsegarten. Hier wird auch – ganz traditionell – Wildschwein und anderes Fleisch vom typisch südamerikanischen Braserogrill serviert.

SACROMONTE, MALDONADO, *URUGUAY*

TIERRA CHILOÉ   LOS LAGOS, CHILE   87

Zeitreise in eine einfachere Vergangenheit

Tierra Chiloé, das in der Nähe eines Naturschutzgebiets liegt, unterstreicht mit seiner energieeffizienten Architektur einzigartige regionale Traditionen.

Die Idee hinter den Tierra-Hotels überzeugt nachhaltig. Auf Grundlage eines umweltfreundlichen, zukunftsorientierten Hotelkonzepts eröffnete das Team im Jahr 2008 in einer der trockensten Regionen der Erde zunächst das Tierra Atacama, das mit Luxus, Regionalität und effektiven Wassersparmaßnahmen wichtige Weichen stellte. 2013 folgte das ebenso stilvolle wie kompromisslos umweltfreundliche Tierra Patagonia im feuchteren Süden Chiles.

Als jüngstes Mitglied der Tierra-Familie hat das Tierra Chiloé auf der größten Insel des Chiloé-Archipels im chilenischen Patagonien seine Heimat gefunden. Für den traditionellen Look

88 TIERRA CHILOÉ LOS LAGOS, CHILE

VON ALLEN ZIMMERN DES HOTELS – SELBST VON DEN PRIVATEN BADEZIMMERN – BLICKT MAN AUFS MEER. HOLZVERKLEIDETE WÄNDE UND WEICHE WOLLTEPPICHE SCHAFFEN EINE INTIME, GEMÜTLICHE ATMOSPHÄRE.

ARCHITEKTONISCHES HIGHLIGHT DES TIERRA CHILOÉ IST DAS EINDRUCKSVOLLE FREITRAGENDE HOLZDACH, DAS VON DECKENHOHEN FENSTERN UND VIEL POLIERTEM BETON IN DEN INNEN- UND AUSSENBEREICHEN GELUNGEN AUSBALANCIERT WIRD.

und die vorbildliche Energieeffizienz des Hotels zeichnen Mobil Arquitectos verantwortlich. Holz aus der Region und Schindeln im Stil der *palafitos*, der traditionellen Fischerhäuser, knüpfen an lokale Traditionen an. Innovative Fertigungsmethoden und die kluge Ausrichtung des Gebäudes sorgen für eine natürliche Belüftung und Wärmezufuhr. Isolierende Thermopane-Fenster fangen das Sonnenlicht ein, wodurch 66% an Energie eingespart wird. Geheizt wird mit erneuerbarer Energie aus Biomasse, was den CO_2-Fußabdruck des Hotels zusätzlich minimiert.

Im Jahr 2011 hat die FAO (Ernährungs- und Landwirtschaftsorganisation der Vereinten Nationen) die Insel Chiloé in das „Global Important Agricultural Heritage System" (GIAHS) aufgenommen. Die FAO schützt damit historische, landwirtschaftliche Praktiken und lokale Kulturtradition – genau wie das Team des Tierra Chiloé: Auf dem 20 Hektar großen Hotelgelände werden einheimische Pflanzen wie Haselnüsse, Nalca, Hagebutten und die unverwechselbaren Chilote-Kartoffeln angebaut und damit die Biodiversität gestärkt.

Nicht zuletzt wird auch die lokale Gemeinde aktiv miteinbezogen. Viele Anwohner haben schon beim Bau des Hotels und beim Anlegen der Gärten mitgewirkt. Die Gäste-Hausschuhe werden von Nachbarn selbst gestrickt, während sich die Bauern rundum der Erntearbeit in den hoteleigenen Obst- und Gemüsegärten annehmen. Auch die regionale Handwerkskunst wird in den Hotelbetrieb integriert: Die Interior Designer Alexandra Edwards und Carolina Delpiano haben dafür Kreative des gesamten Archipels engagiert, die traditionell chiloénisches Handwerk mit modernem chilenischem Design kombinieren. In der Lodge fallen einem überall eigens in Auftrag gegebene Artefakte ins Auge – etwa kunstvoll gestaltete Dioramen zur Mythologie von Chiloé.

Den Hotelinhabern ist der respektvolle, fürsorgliche Umgang mit der umliegenden Natur und den Inselbewohnern eine Herzensangelegenheit. Die Kultur und die Diversität der Halbinsel Rilán und der Seenlandschaft Pullao zu bewahren, bildet somit die ethische Grundlage des Tierra Chiloé – und macht die Seele eines überzeugenden, zukunftsträchtigen Hotelprojekts aus.

Postindustrielles Öko-Design

Das umweltfreundliche Hotel Fabriken Furillen liegt in einem ehemaligen Kalksandsteinwerk.

FABRIKEN FURILLEN

GOTLAND, SCHWEDEN

Bis vor Kurzem haben sich nur wenige Touristen auf die abgelegene Halbinsel verirrt, auf der das Fabriken Furillen sein überzeugendes Hotelkonzept umgesetzt hat. Hier, im Nordosten von Gotland, erscheint das urbane Treiben von Stockholm weit weg. Rund um das einzigartige Hotel erstreckt sich eine zerklüftete Mondlandschaft aus Kalksandstein. Erodierte Felsnadeln ragen an menschenleeren Stränden aus dem Boden und rahmen die karge Kulisse. In den Ruinen des ehemaligen Kalksandsteinwerks, das von den 1970er-Jahren bis in die frühen 1990er-Jahre für Militärzwecke genutzt wurde, hatten bereits Seevögel ihre Nester gebaut. Dann entdeckte der Fotograf und Unternehmer Johan Hellström das raue und zugleich inspirierende Gelände, dessen Potenzial ihn sofort begeisterte. 1999 kaufte er das 500 Hektar große Areal, vernietete die filmreife

92 FABRIKEN FURILLEN GOTLAND, SCHWEDEN

MINIMALISTISCHES DESIGN DURCHZIEHT ALLE BEREICHE DES FABRIKEN
FURILLEN. IN DEN ZIMMERN MILDERN GUSSEISERNE HOLZÖFEN,
WEICHE WOLLSTOFFE UND WARME GRAUTÖNE DEN INDUSTRIELLEN
LOOK DES HOTELS AB.

ALS MONOCHROMES GESAMTKUNSTWERK IMPONIEREN DIE GEMEINSCHAFTSBEREICHE DES EHEMALIGEN INDUSTRIEGEBÄUDES MIT POLIERTEN ZEMENTBÖDEN UND DEKORATIVEN FENSTERFRONTEN (LINKE SEITE UNTEN UND OBEN).

Kulisse tageweise für Werbespots und Musikvideos und verwirklichte seine Vision: ein minimalistisches Designhotel, das vollkommen im Einklang mit seiner Umgebung ist. Nach und nach erweckte Hellström die alten Fabrikgebäude zu neuem Leben. Mit wiederverwerteten Materialien wie Kalksandstein, Beton und Holz entstand daraus das heutige Hotel. Viele Details – wie die schweren Eisenketten im Restaurant – erinnern noch eindrucksvoll an die Geschichte des Ortes.

Die 18 Gästezimmer und zwei Hütten liegen abseits vom Hauptgebäude. Ihr modernes skandinavisches Design lebt von unaufdringlichen Grau- und Weißtönen. In den Zimmern lenken direktes Tageslicht und klare Linien den Blick auf die Ostsee und in die Landschaft. Die einfachen Hütten ohne Stromanschluss bieten den Gästen die seltene Gelegenheit, einmal sprichwörtlich abzuschalten. In den konventionelleren Zimmern dagegen finden sich skandinavische Designmarken, etwa luxuriöse Betten von Häastens und Audioequipment von Bang & Olufsen. Alle Unterkünfte sind mit regionalen Schätzen wie Schaffellteppichen und weichen Decken aus Gotlandwolle ausgestattet.

Es versteht sich von selbst, dass auch in der Küche des Furillen nur mit regionalen und saisonalen Zutaten gearbeitet wird – wenn möglich, stammen sie vom eigenen Hof. Im Sommer betreibt Küchenchef Filip Fastén, der schon in Stockholm in den Restaurants Frantzén und Le Rouge arbeitete, mit Freunden das Pop-up-Restaurant des Furillen. Dass Fastén im Jahr 2014 schwedischer Koch des Jahres wurde, beschert dem abgelegenen Hotel und der gesamten Halbinsel in der Hauptsaison auch internationale Aufmerksamkeit. Neben dem Restaurant, dem außergewöhnlichen Design, für das vor Ort vorgefundene Baumaterialien zum Einsatz kamen, und der faszinierenden Geschichte des Fabriken Furillen gehört nicht zuletzt seine unwirkliche Umgebung zu den absoluten Highlights. Wer mag, kann sie mit einem kostenlosen Leihfahrrad der Edelmanufaktur Skeppshult ausgiebig erkunden.

FABRIKEN FURILLEN, *GOTLAND, SCHWEDEN*

THE FLEMING

Eine Hommage an die Star Ferry

Das gelungene Design des The Fleming
verbindet Zeitgemäßes mit einem Stück Hongkonger Geschichte.

Das industrielle Erbe einer Stadt wird besonders in beliebten Touristenorten oft übersehen und gerät in Vergessenheit. Dabei ist der Erhalt alter Strukturen die wohl nachhaltigste Alternative zu millionenschweren Bauprojekten, für die vielfach völlig intakte Gebäude einfach abgerissen werden. Auch in Hongkong wird unentwegt neu gebaut. Dass mit etwas Kreativität aber auch bestehende Architektur erhalten und gleichzeitig ein Stück Geschichte der Stadt kulturell genutzt werden kann, zeigen A Work of Substance.

Die in Hongkong und Paris ansässige Agentur hat das Hotel renoviert, umgestaltet und im Jahr 2006 unter seinem neuen Namen The Fleming wiedereröffnet. Der rote Faden für die Neugestaltung ergab sich quasi von selbst. Das Gebäude stammt aus den 1970er-Jahren und liegt im Trendviertel Wan Chai nahe der Victoria Harbour Waterfront. Diese Gegebenheiten griffen A Work of Substance thematisch auf und verwandelten Architektur, Interieur und Ausstattung des Boutiquehotels in eine Hommage an das Industriezeitalter jener Jahre und das maritime Erbe

THE FLEMING

JEDES DETAIL IM THE FLEMING STRAHLT URBANE ELEGANZ AUS. KRÄFTIGES KARMINROT, ASCHSCHWARZE HOLZVERKLEIDUNGEN UND GLÄNZENDE MESSINGBESCHLÄGE PRÄGEN DEN LOOK DER MARITIM INSPIRIERTEN ZIMMER.

DIE EDLEN DETAILS IM FOYER UND DIE LACKIERTEN GLASWÄNDE DER AUFZÜGE SETZEN STIMMIGE AKZENTE IM CHARAKTERISTISCHEN KARMINROT DES THE FLEMING UND SORGEN FÜR EIN DURCHGEHENDES DESIGNKONZEPT.

Hongkongs. So versprechen die 66 Zimmer des Hauses einen einzigartigen Aufenthalt.

Das Geheimnis des durchkomponierten Designs liegt im konkreten Bezug zur Star Ferry, die seit über einem Jahrhundert den Victoria Harbour anläuft. Maritime Akzente sind allgegenwärtig: Spiegel in Bullaugenform, Industrielampen, Teppiche im gestreiften Marinelook. Jedes Detail, von den roten Fluren bis zu den Zeitungshaltern aus schimmerndem Messing, ist wohlüberlegt. Die von den grün-weißen Passagierfähren inspirierten Sofas in der Lobby haben sogar verstellbare Rückenlehnen – wie die Sitze an Bord der Star Ferry. Wie das legendäre Schiff, das als Treff-, Dreh- und Angelpunkt am Hafen ein Teil des kollektiven Gedächtnisses und der Identität der Stadt ist, bringt auch das Hotel Menschen zusammen. Im Inneren des Hotels wird Seemannsnostalgie durch Farben und Düfte erlebbar: Karminrot und Flaschengrün, die charakteristischen Farben der Fähren, Fischerboote, Lieferwagen und Tempel von Hongkong, setzen schöne Akzente. Überall duftet es wohlig nach Sandelholz und Ambra.

Um die Reise der Sinne abzurunden, haben A Work of Substance eine eigene Pflegeproduktlinie für The Fleming entworfen, die von der traditionellen chinesischen Kräuterkunde inspiriert wurde und ihren Namen dem ältesten chinesischen Heilkräuterbuch *Shen Nong* von 168 v. Chr. entlieh. Nachfüllbare Duschgel- und Shampooflaschen minimieren überflüssigen Plastikmüll.

Das gesamte Mobiliar und alle Leuchten des Hotels wurden eigens von chinesischen Herstellern entworfen und gefertigt. Die ausgestellten Kunstwerke stammen von lokalen Künstlern. Mit viel Gespür für Details inszeniert The Fleming ein Stück Alltag der alten Hafenstadt und fängt damit stimmungsvoll ihre Seele ein.

Ein Wunder der Architektur

ROÇA SUNDY

Auf Príncipe liegt das wunderschön restaurierte Plantagenhaus Roça Sundy in einer ehemaligen Kakaoplantage im Herzen des afrikanischen Regenwaldes.

Ein grünes Hotel muss nicht zwingend nach modernsten Ökorichtlinien neu gebaut werden. Mindestens genauso umweltfreundlich kann es sein, bereits vorhandene Strukturen zu verwenden. Als zweitkleinstes afrikanisches Land liegt São Tomé und Príncipe im Golf von Guinea und bietet neben paradiesischer Natur eine aufwühlende Geschichte. Príncipe ist die kleinere der beiden Hauptinseln und liegt 130 Kilometer vor der westafrikanischen Küste. Hier leben zahlreiche endemische Vögel, Reptilien und Amphibien in unberührten Wäldern. Ihre einzigartige Tierwelt hat der Insel den Spitznamen „afrikanisches Galapagos" eingebracht. Je nach Jahreszeit lassen sich hier Meeresschildkröten oder Wale und Delfine in ihrem natürlichen Lebensraum beobachten. In dieser naturbelassenen Umgebung liegt die Roça Sundy. Das sorgfältig restaurierte Plantagenhaus bietet zwölf epochengetreu eingerichtete Zimmer, die an die Geschichte der Insel erinnern. Im 15. Jahrhundert besetzten portugiesische

ROÇA SUNDY

DIE ZIMMER DER ROÇA SUNDY VERTEILEN SICH AUF DAS COLONIAL HOUSE UND DAS PLANTATION HOUSE. DAS ZAUBERHAFTE GRUNDSTÜCK SCHÄTZEN GÄSTE WIE DORFBEWOHNER GLEICHERMASSEN.

DIE ZIMMER IM COLONIAL HOUSE WURDEN
SO ORIGINALGETREU WIE MÖGLICH RESTAURIERT
UND WAHREN DEN URSPRÜNGLICHEN STIL DES
GEBÄUDES. VIELE ORIGINALELEMENTE BLIEBEN
ERHALTEN – ETWA DIE SCHÖNEN HOLZTREPPEN
UND DER WUNDERBARE FLIESENBODEN IM GESAMTEN
HAUS. KRÄFTIGE FARBEN UND VIELE MÖBEL IM
KLASSISCHEN KOLONIALSTIL UNTERSTREICHEN
DAS FLAIR.

Seefahrer die Insel und legten hier große Plantagen (die sogenannten Roças) an. Von Príncipe wurde unter anderem Kakao in alle Welt exportiert – zu einem hohen Preis: Auf den Plantagen wurden über Jahrhunderte Sklaven ausgebeutet. Die erkämpfte Unabhängigkeit im Jahr 1975 stellt São Tomé und Príncipe bis heute vor wirtschaftliche Herausforderungen. Viele Plantagen liegen brach und werden langsam von der Natur zurückerobert. Auf dem Land leben Hausbesetzer in den ehemaligen Herrenhäusern und in der Hauptstadt bröckelt die alte Kolonialarchitektur an den verfallenden Straßen. Das hielt die UNESCO jedoch nicht davon ab, 2012 ganz Príncipe zum Biosphärenreservat zu erklären.

Die Roça Sundy bezaubert neben spektakulären Aussichten auch mit ihrem engagierten Geschäftsmodell: Um die Verbindung der Einwohner zur umliegenden Natur zu stärken, bezieht das ehemalige Plantagenhaus seine Mitarbeiter aktiv in den Schutz der Inselvielfalt ein und lebt nachhaltigen, verantwortungsbewussten Tourismus vor. Im Restaurant kocht Küchenchef Angelo Rosso mit gesunden Zutaten – teils aus dem hauseigenen Biogarten, teils von lokalen Erzeugern. Dabei achtet er ebenso auf Qualität wie auf faire Bezahlung. Die Pflegeprodukte in den Zimmern stammen von der hoteleigenen Biofarm in Paciencia. Dass das Team fast nur aus Einheimischen besteht, versteht sich von selbst: Fast 60% der Mitarbeiter kommen von Príncipe, die restlichen 40% von São Tomé. Mittlerweile ist ein zweites nachhaltiges Hotel in Planung: Das Sundy Praia soll direkt am Strand nach demselben Prinzip betrieben werden. Für den Neubau setzt man auf recyceltes Holz. Neben hölzernen Terrassen sind 15 Zeltvillen und ein strohgedecktes Bambusrestaurant geplant, in dem Biogerichte aus regionalen Zutaten serviert werden. Auch im Sundy Praia wird die Geschichte der Insel eine Rolle spielen: Die charakteristischen Zeltvillen erinnern stark an die Fischerhütten, die einst dort standen.

OVOLO WOOLLOOMOOLOO — SYDNEY, AUSTRALIEN

Die Neuinterpretation einer historischen Werft

Im Ovolo Woolloomooloo definieren kluges Design und der vegane Lifestyle ein neues Level moderner Gastfreundschaft.

Es gibt Umbauten und es gibt echte Transformationen. Das Ovolo Woolloomooloo gehört definitiv zur zweiten Kategorie. Aus der historischen Finger Wharf in Sydney entwickelte ein visionäres Team ein Hotel, das modernen Komfort mit viel Respekt vor der Geschichte des Ortes verbindet. Über hundert Jahre lang diente die weltgrößte Holzwerft als wichtiger Industriestandort. Hier wurde Wolle verschifft, Soldaten in die Weltkriege entsendet und in letzter Zeit werden Migranten empfangen. Nebenan befindet sich ein bis heute aktiver Marinestützpunkt. Trotz – oder gerade wegen? – der rauen Geschichte und Umgebung der Werft gelang den Interior Designern von Hassell hier ein Meisterstück. Die beeindruckende historische Gebäudestruktur sollte beibehalten werden, gleichzeitig verlangte der Charakter des Industriebaus nach einer architektonischen Neuinterpretation. Den wenig einladenden Windkanal entlang dem riesigen zentralen Flur verwandelten die Architekten mit hölzernen A-Rahmen in ein Gesamtkunstwerk, von dem aus Rezeption, Bar und Hauptrestaurant separat zugänglich sind. Die neuen Einbauten sorgen für eine privatere Atmosphäre und eine neue Maßstäblichkeit – dennoch bleiben die alten Strukturen der Werft vollständig erhalten und werden betont. Mit eigens angefertigten Leuchten und spannenden

OVOLO WOOLLOOMOOLOO

MIT SEINEM POPPIGEN DESIGN UND FLOTTEM
SERVICE SPRICHT DAS OVOLO WOOLLOOMOOLOO
VOR ALLEM JÜNGERE REISENDE AN. EINIGE DER
GROSSZÜGIGEN, KREATIV GESTALTETEN ZIMMER
BIETEN MIT EINEM ZWISCHENGESCHOSS BESONDERS
VIEL PLATZ ZUM ENTSPANNEN.

DAS HERZ DER EHEMALIGEN WERFT WURDE ZUR LO
LOUNGE UMGEWANDELT (VORIGE SEITEN). HIER KANN
MAN DEN ABEND AN BARS UND KICKERTISCHEN,
IN BUNTEN SITZBEREICHEN ODER ROMANTISCHEN
„KISSING BOOTHS" AUSKLINGEN LASSEN.

Auftragswerken lokaler Künstler spricht das Ovolo Woolloomooloo bewusst eine jüngere Klientel an.

Mit ihrer zu 100 % pflanzenbasierten Karte ist die Hotelbar Alibi die erste ihrer Art in ganz Australien. Chefkoch Matthew Kenney aus den USA ist ein Vollblutgastronom und bekannter Pionier für den veganen Lifestyle. Für ihn sind Lebensqualität, Umweltschutz und pflanzliche Ernährung untrennbar miteinander verknüpft. „Kenney und sein Team legen größter Wert auf gesundes Essen – und gehen dabei in Sachen Geschmack keine Kompromisse ein", erklärt Girish Jhunjhnuwala, Gründer und CEO von Ovolo Hotels. „Unsere Küche kombiniert klassische und innovative Kochtechniken. Wir räuchern, fermentieren und arbeiten mit Techniken aus der Molekularküche. So entstehen aus unseren regionalen, pflanzlichen Zutaten kreative moderne Menüs." Tatsächlich zergehen die Kimchi-Knöde an Sesam- und Ingwerschaum oder die Tomaten-Zucchini-Lasagne mit Pistazienpesto sprichwörtlich auf der Zunge. Auf der exquisiten Weinkarte finden sich ausgesuchte edle Tropfen kleiner australischer Weingüter. Selbstverständlich hat der Weinbuchautor und ehemalige „Sommelier des Jahres" Chris Morrison seine Favoriten dabei ebenfalls nach lokalen, nachhaltigen und saisonalen Kriterien kuratiert – und bezieht so die Grundprinzipien des Ovolo Woolloomooloo auf köstlichste Weise ein.

Neue urbane Nachhaltigkeit

Mit kreativen Ideen und einer klaren Vision im Umweltschutz bringt das QO Amsterdam sprichwörtlich seinen Kreislauf in Schwung.

QO AMSTERDAM

AMSTERDAM, NIEDERLANDE

Nicht ohne Grund liegt das QO Amsterdam in diesem aufstrebenden Viertel der niederländischen Metropole: Urbanes Flair trifft hier auf beschauliches Landleben – genau wie in dem jungen Hotel auch. Nahe der Amstel gelegen, setzt es neue Standards in Sachen urbane Nachhaltigkeit. Das Konzept entstand in enger Zusammenarbeit von Mulderblauw architecten und Paul de Ruiter Architects – und überzeugte den Verband LEED für ökologisches Bauen so sehr, dass er das QO Amsterdam mit seinem begehrten Platin-Zertifikat zum nachhaltigsten Hotel Europas kürte. Der Ansatz der Architekten ist so idealistisch wie vielseitig – und er funktioniert. Als „lebendiges Haus" arbeitet das QO Amsterdam nach dem klassischen Kreislaufprinzip. Müllvermeidung, Wiederverwertung und Umweltschutz sind wichtige Schlüsselworte. Die Vision eines nachhaltigen Hotelbetriebs zieht sich durch alle Bereiche.

QO AMSTERDAM

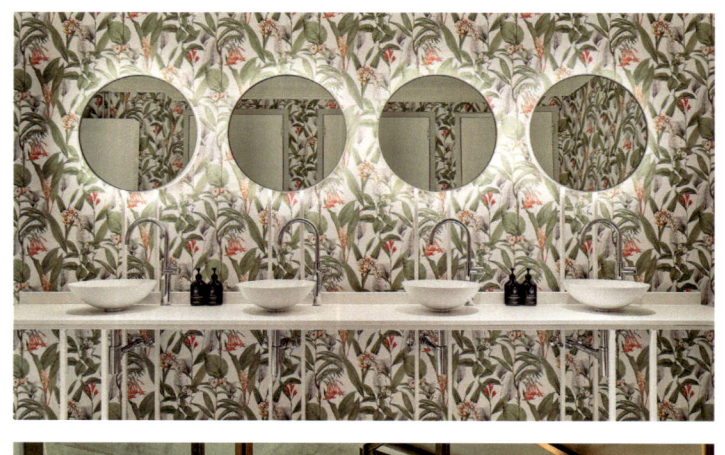

AMSTERDAM, NIEDERLANDE

DIE ÖFFENTLICHEN BEREICHE AUF DEN EINZELNEN EBENEN WERDEN VON WEICHEM SALBEIGRÜN UND GEDÄMPFTEM ROSÉ WARM DURCHFLUTET. SO KOMMEN DIE VIELEN GROSSEN PFLANZEN OPTIMAL ZUR GELTUNG (VORIGE DOPPELSEITE UND OBEN). WIE EINE GRÜNE KRONE SITZT DAS GEWÄCHSHAUS (LINKS) AUF DEM DACH DES QO AMSTERDAM – WAS BESTENS ZU DEN NIEDERLANDEN PASST, DEM GRÖSSTEN EXPORTEUR LEBENDER BÄUME, PFLANZEN UND SCHNITTBLUMEN.

So sind viele innovative Ideen entstanden, die längst etablierte Praktiken wie Urban Farming oder autarke Gewächshäuser vorbildhaft weiterdenken. Vor allem bindet das QO Amsterdam diese Konzepte quasi organisch in sein gastronomisches Angebot ein. So gibt es ein Dachgewächshaus, das den Hotelgästen sowie allen Interessierten aus der Umgebung offensteht. Mit Führungen und Verkostungen dient es als gemeinschaftsorientierte Plattform für Innovation, Bildung und Forschung und wird auch von den umliegenden Schulen gern besucht. Das zyklisch betriebene Gewächshaus ist ein autarkes, selbstregulierendes Ökosystem, das die Hotelküche und die Bar mit Obst, Gemüse, Kräutern und sogar Fisch versorgt: Das Anbausystem setzt auf Aquaponik – eine Kombination aus Aquakultur und Hydroponik, bei der sich Fische und Pflanzen gegenseitig versorgen. Die Fischausscheidungen dienen den Pflanzen als natürliche Nährstoffquelle, die im Gegenzug die Wasserbecken der Fische reinigen. Das Hotel hat sich auf eine ganz besondere Barschart spezialisiert, den die Niederländer wegen seines hohen Omega-3-Fettsäuren-Gehalts auch *omegabaars* nennen. Ihre gesunden Köstlichkeiten zaubert die Küche immer mit frischen Zutaten aus dem Gewächshaus. So spiegeln die Menüs geschmackvoll den natürlichen Mikrozyklus des QO Amsterdam wider. Als kleiner, ganzheitlicher Kosmos hat das Hotel sein Kreislaufprinzip auf praktisch alle Bereiche ausgeweitet. Für die Toilettenspülung wird aufbereitetes Duschwasser verwendet und das Heizsystem wird mit geothermischer Energie betrieben. Eindrucksvoll lebt das QO Amsterdam ein nachahmenswertes – und komfortables – Konzept vor, das die Zukunft der urbanen Hotellerie nachhaltig beeinflussen könnte.

JACKALOPE

Moderner Luxus zwischen Weinbergen

VICTORIA, AUSTRALIEN

Mit seinem eklektischen Mix aus Design, Kunst und Gastronomie stellt das Jackalope Hotel die Weichen für eine neue Form der Gastfreundschaft.

Lange galten die australischen Weinberge als Geheimtipp einer exklusiven Kundschaft. Privatführungen durch beeindruckende historische oder moderne Gutsgebäude, Weinverkostungen und Gourmetdinner im hauseigenen Restaurant mit abschließendem Besuch im Weinladen gehörten zum Verführungsprogramm. Die Zeiten haben sich geändert und langsam, aber sicher wandelt sich die traditionelle Weinregion mit Hotels, Spas und Sterneköchen zum beliebten Urlaubsziel für alle. Das Konzept geht auf: Auf der Suche nach authentischen Erfahrungen und grünem Luxus kommt eine neue Klientel hierher. Zudem arbeiten junge Winzer mit alternativen Herstellungsmethoden und begeistern Kunden und Önologen mit natürlichen, biodynamischen und edlen Tropfen. In den australischen Weinbergen etabliert sich also auf allen Ebenen ein neues Ökosystem.

Zu diesen Weingütern der neuen Generation gehört auch das Jackalope, das kürzlich in der Weinregion Mornington Peninsula eröffnete. Das historische McCormick House im edwardianischen Stil von 1876 verankert das Hotel am Ort. Daneben ließen die Eigentümer ein neues Designhotel errichten. Mutige Architektur, Liebe zur Kunst und eine gewisse Theatralik definieren inmitten von Weinhängen und wilder Natur ganz ohne rührige Nostalgie eine neue Winzerkultur. Mit 46 luxuriösen Gästezimmern, 30 Meter langem Infinity-Pool, Auftragskunst und Kunstinstallationen,

JACKALOPE

VICTORIA, AUSTRALIEN 115

DIE MEISTEN DER 45 DESIGNUNTERKÜNFTE IM JACKALOPE
BIETEN BODENTIEFE FENSTER, EINE EIGENE TERRASSE
UND EINEN ATEMBERAUBENDEN BLICK AUF DEN WEINBERG.

ZU DEN HOTELEIGENEN KUNSTWERKEN ZÄHLEN DIE
GEMEINSAM ARRANGIERTEN BÜSTEN DES LOKALEN KÜNSTLERS
ANDREW HAZEWINKEL, DEREN GESICHTER VON ACHATSCHEIBEN
VERDECKT WERDEN (RECHTS UND LINKS UNTEN).

einem Restaurant und hauseigenem Weinkeller präsentiert das Jackalope seinen ganz eigenen Ansatz. Mit mutig kuratierten Ausstellungen und der Zusammenarbeit mit einigen der bekanntesten australischen Designer werden hier Geschichten erzählt. Am Eingang des Anwesens stimmt die Besucher eine sieben Meter hohe stilisierte Hasenstatue mit Geweih darauf ein – ein dem Wolpertinger ähnliches Fabelwesen, das die Künstlerin Emily Floyd eigens für das Jackalope gestaltete. Zu den absoluten Hinguckern der Hotelbar gehört die Stag Bench von Modedesigner Rick Owens. Ihr weißes Elchgeweih komplementiert eine imposante Lichtinstallation von Rolf Sachs: Seine beleuchteten Glasgefäße erinnern an ein futuristisches Chemielabor. So beeindruckend diese Kunstwerke auch sind, so bleiben der hauseigene Wein und die darauf abgestimmte Küche doch das Herzstück des Jackalope. Küchenchef Guy Stanaway stellt im Doot Doot Doot ehrgeizige Degustationsmenüs zusammen, bei denen das pure Geschmackserlebnis im Vordergrund steht. Seinen Brotteig etwa veredelt er mit milder Chardonnay-Hefe. Zur Tomaten-Verjus-Granita auf Fladenbrot kombiniert er Main-Ridge-Ziegenquark, schwarzen Knoblauch und junge Rote Bete. Mit möglichst lokalen Zutaten wird das Dinner hier zum gustativen Rundgang durch die Region. Chefwinzerin Geraldine McFaul hat sich auf den Anbau von Chardonnay und Pinot Noir in kühlem Klima spezialisiert. Mit die elegantesten Single-Vineyard-Weine der Mornington Peninsula reifen in ihren Kellern. Auf der Weinkarte fällt das große Angebot an mit der Schale gereiften, meist weißen Weinen auf. Dieses Verfahren, bei dem die Schalen nicht vor der Fermentierung entfernt werden, kommt üblicherweise bei Rotweinen zum Einsatz. So entstehen einzigartige, vollmundige und charaktervolle Weine, die ihr Terroir authentisch widerspiegeln. Unter den 1.200 Flaschen des verglasten Weinkellers im Eingangsbereich finden sich auch limitierte Jahrgänge verschiedener bloße zehn Hektar großer Weinberge. Dazu gehört auch der hauseigene Willow Creek Vineyard. Regional ist das neue luxuriös.

SO BEEINDRUCKEND DIESE KUNSTWERKE
AUCH SIND, SO BLEIBEN DER HAUSEIGENE WEIN

UND DIE DARAUF ABGESTIMMTE KÜCHE DOCH
DAS HERZSTÜCK DES JACKALOPE.

JACKALOPE VICTORIA, AUSTRALIEN

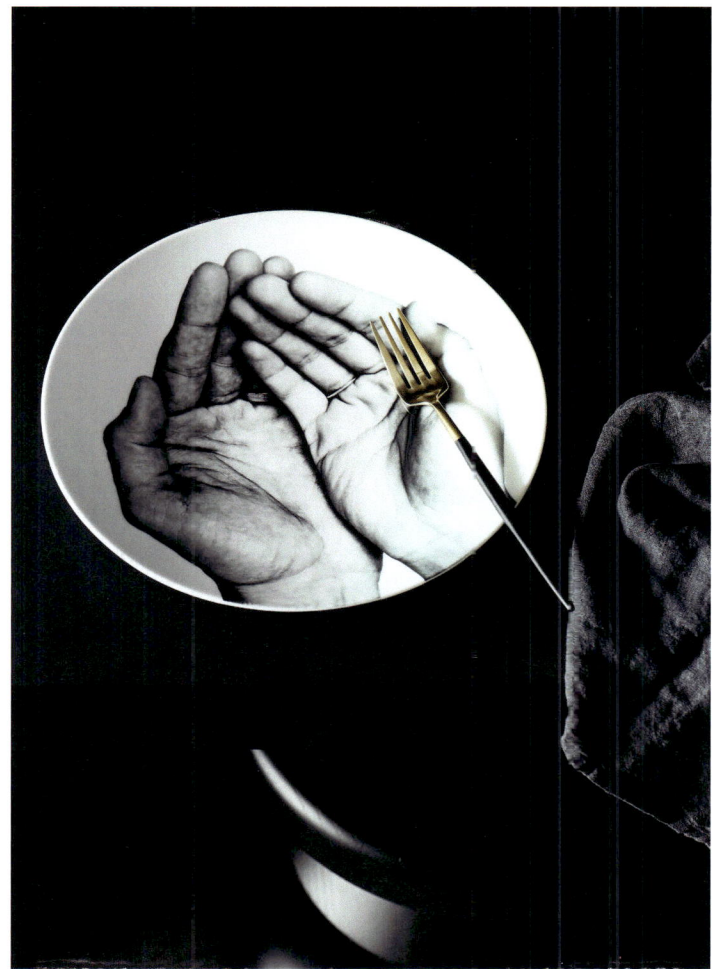

GEKONNT SPIELT DAS JACKALOPE MIT DEM KONTRAST VON LICHT UND DUNKELHEIT. VERSPIEGELTE OBERFLÄCHEN, INDIREKTE BELEUCHTUNG UND SCHWARZ-GOLDENE AKZENTE SCHAFFEN EIN THEATRALISCHES AMBIENTE.

DIE SUITEN VERFÜGEN JEWEILS ÜBER EINE EIGENE TERRASSE MIT BLICK AUF DEN WILLOW CREEK VINEYARD (OBEN). IM ANGESCHLOSSENEN GROSSZÜGIGEN BADEZIMMER STEHEN EIGENS GEFERTIGTE PFLEGEPRODUKTE VON HUNTER LAB BEREIT.

JACKALOPE, *VICTORIA, AUSTRALIEN*

Neu-interpretation eines viktorianischen Gebäudes

THE PILGRM

Mit Liebe zum Handwerk und regionalen Ressourcen baut The Pilgrm auf eine zukunftsweisende Gastlichkeit jenseits der Wegwerfkultur.

Nahe dem legendären Bahnhof Paddington setzt das nachhaltige The Pilgrm neue Maßstäbe für eine urbane Hotelkultur. Aus der Verbindung der britischen Tradition und der diversen Kultur des Viertels mit klugem Upcycling und charmanter Umdeutung altehrwürdiger Räume entstand hier eine nachhaltige Idee mit Vorbildcharakter.

Die 73 umsichtig gestalteten Schlafzimmer des Londoner Hotels sind – je nach Geldbeutel und Komfortanspruch – in vier Kategorien unterteilt: Neben der Budgetversion mit Etagenbett stehen kleine, mittlere und große Zimmer zur Auswahl. Es gibt eine Lounge und im Gebäude nebenan ein Café. Im Larder, dem kleinen Laden neben dem Café, werden zwischen ausgesuchten Kunstwerken lokaler Künstler frische erlesene Snacks serviert. Im hoteleigenen

THE PILGRM

DIE SAGE UND SCHREIBE 73 SCHLAFZIMMER SIND IN KLEIN, MITTELGROSS UND GROSS ZU HABEN. MASSGEFERTIGTE BETTEN, RÜCKGEWONNENE HEIZKÖRPER UND GEFLIESTE BÄDER KREIEREN EINEN STIMMIGEN LOOK. DIE ELEGANTEN GRAUTÖNE DER ZIMMER WERDEN VON HOLZBÖDEN UND WEICHEN TEPPICHEN UNTERLEGT.

Restaurant servieren Chefköchin Sara Lewis und ihr Team saisonale Gerichte mit kreativem Touch. Besonders hervorzuheben ist die sensationelle Cocktailkarte, die sich quasi als Destillat internationaler Barkultur versteht: Einige der weltbesten Bartender und Cocktailbars wie das Operation Dagger aus Singapur, die Trench Bar aus Tokio, das Jerry Thomas Project aus Rom und die Bar Termini aus London waren an der Zusammenstellung beteiligt.

Am stärksten prägen jedoch visionäres Upcycling und die konsequente Wiederverwendung von Materialien die DNA des The Pilgrm. Der originale Charakter des viktorianischen Gebäudes und seiner architektonischen Merkmale blieb dank der liebevollen Weiterverwendung, Neuverwertung und Restauration der vorhandenen Elemente erhalten. So erstrahlt die eindrucksvolle Mahagonitreppe, die vom Eingang hinauf in den Lounge-Bereich führt, nach aufwendiger Restaurationsarbeit wieder in altem Glanz. Bei den gusseisernen Balustraden an den Treppen zu den Gästezimmern wurden in behutsamer Feinarbeit an die 50 Farbschichten entfernt, um den originalen Eisenkunstguss freizulegen. Zudem kamen bei den Ausbauarbeiten des The Pilgrm etwa 200 Jahre alte Parkettböden aus Schulen, Militäreinrichtungen und anderen Institutionen zum Einsatz. Im gesamten Hotel finden sich überall Möbel und andere Einrichtungsgegenstände, denen hier ein zweites Leben geschenkt wurde.

LONDON, VEREINIGTES KÖNIGREICH

DIE GESTALTER SCHEUTEN WEDER KOSTEN NOCH MÜHEN, UM DIE PERFEKTE AUSSTATTUNG FÜR DAS ORIGINALGETREUE AMBIENTE ZU FINDEN. UNTER ANDEREM WURDEN HIER FLURLEUCHTEN AUS EINEM KRANKENHAUS UND PARKETTBÖDEN ALTER TURNSÄLE VERBAUT (OBEN).

„Wir leben in einer ‚Material World'", zitieren die Eigentümer Jason Catifeoglou und Andreas und Steph Thrasyvoulou den berühmten Song aus den 1980ern. „Glücklicherweise wird dieses Statement in den letzten Jahren neu verstanden. Wir denken, dass der Wunsch nach Nachhaltigkeit wächst – in allen Bereichen. Für moderne Bauherren ist die Wiederverwertung von Materialien längst gang und gäbe. Und einige wenige haben sich dabei für einen besonders ehrlichen Weg entschieden, der die jeweilige Bauepoche mitbedenkt." Das Trio ist überzeugt, dass für diesen Weg ein tiefes Verständnis für die Geschichte und Herkunft der verwendeten Materialien nötig ist sowie der Wunsch, die verblasste Schönheit, die einem Stück innewohnt, respektvoll wieder zum Vorschein zu bringen.

93ft Design aus Sheffield für die Restauration ins Boot zu holen, lag darum fast schon auf der Hand. Das kreative Team aus Interior Designern vertritt den Grundsatz, dass gutem Design auch qualitätvolle Materialien zugrunde liegen und dies wiederum zu schönen Innenräumen führt. 93ft Design arbeiten bis heute ausschließlich mit Unternehmen zusammen, die Wert auf Upcycling und Umweltschutz legen. Gründer und kreativer Kopf des Studios ist Tim Hubbard. Er bringt seine Überzeugung so auf den Punkt: „Warum sollte man nicht nachhaltig leben, wo das möglich ist? Unsere Interieurs sind immer von der originalen Schönheit des jeweiligen Gebäudes inspiriert. Wir arbeiten am liebsten mit dem, was bereits da ist, denn wir glauben nicht an eine Wegwerfkultur."

Ein Hotel als stilvoller Akteur

Mit einer Neuinterpretation japanischer Gastlichkeit setzt das Trunk (Hotel)
auf ein frisches Konzept mit traditionellen Wurzeln.

TRUNK (HOTEL) — TOKIO, JAPAN

Nur zehn Gehminuten vom Bahnhof Shibuya entfernt liegt das Trunk (Hotel) in einer ruhigen Seitenstraße. Das Haus mit dem gewollt ausgefallenen Look ist ein perfektes Beispiel für genau die Sorte Designhotels, die in Tokio noch rar gesät sind. Keine kreativen Hotels mit einer Vorliebe fürs Lokale gibt es in der japanischen Hauptstadt bisher kaum. Mount Fuji Architects haben zwei vierstöckige Gebäude zusammengelegt und mit dunklen, geometrischen Formen versehen. Eine elegante Konstruktion aus Glas und Holz überspannt das Dach. Im Erdgeschoss wird die graue Steinfassade des Hotels mit ihren gestaffelten Balkonen und wohlgesetztem Grün durch eine elegante Lounge aufgebrochen. Deren Wände wurden aus recycelten Materialien von alten japanischen Holzhäusern gefertigt. Das Interieur der 15 Zimmer entwarf Jamo Associates and Line-Inc. und vereinte dafür traditionelle mit

TRUNK (HOTEL)

EINE STIMMIGE DESIGNÄSTHETIK DURCHZIEHT DAS GANZE HOTEL –
VOM ESSBEREICH (VORIGE SEITE) BIS ZU DEN PRIVATEN SUITEN
(UNTEN). WEICHE, NEUTRALE FARBEN UND KLARE LINIEN BILDEN DIE
KULISSE FÜR DAS MINIMALISTISCHE MOBILIAR.

ARCHITEKTUR UND INTERIOR DESIGN FOLGEN EINEM KLAREN GEOMETRISCHEN KONZEPT, DAS KLUG PLATZIERTE PFLANZEN UND ORGANISCH GEFORMTE COUCHTISCHE – INSPIRIERT VON GEORGE NAKASHIMA – GEKONNT ABMILDERN.

modernen Elementen zu einem ästhetischen Gesamtbild. Zunächst fallen die modernen japanischen Möbel und die glatten Betonböden ins Auge. Auf den zweiten Blick bemerkt man traditionelle japanische Details wie indigoblaue Patchwork-Wandbehänge, japanisches Washi-Papier und in Japan hergestellte Biopflegeprodukte.

Upcycling und japanische Handwerkskunst bilden die thematischen Leitfäden. So sind die angebotenen Leihfahrräder überholte Fundräder aus Tokio, und die Personaluniformen wurden aus unverkäuflicher Kleidung geschneidert. Die Kunstwerke, die das Hotel schmücken, stammen sowohl von lokalen als auch internationalen Talenten wie Ido Yoshimoto, Chopped Liver Press oder Nigel Peake. Im Trunk Kitchen Restaurant stehen lokale Spezialitäten wie Hōjicha-Tee, lokal gerösteter Kaffee, Sake, Shōchū und hauseigene Cocktails auf der Karte. Dazu lockt das Trunk Kushi mit „Shibuya Soul Food"-Spießchen. Zu den ausgesuchten Produkten im hauseigenen Lifestyleshop gehören Honig aus der Region, lokales Craft Beer sowie Obst und Säfte von einem Obstladen in Shibuya. Die Idee zum Trunk (Hotel) hatte Yoshitaka Nojiri. Der Surfer, Familienvater, Akademiker und visionäre Geschäftsmann war schon als Teenager von Shibuyas kreativer Atmosphäre fasziniert. Heute will er das Trendviertel selbst mitgestalten: „Als Jugendlicher habe ich die Blütezeit von Shibuya miterlebt, als Hip-Hop und der sogenannte ‚Shibuya Casual'-Streetstyle aufkamen, den ich damals mitgeprägt habe. Das Trunk (Hotel) engagiert sich in Sachen Musik, Essen, Mode und Kultur und möchte die Kreativität des Viertels wieder anfachen." Als lokaler Akteur unterstützt das Hotel auch die Institution Super Welfare der Gemeinde Shibuya. Mit verschiedenen Initiativen werden dabei LGBTQ-Veranstaltungen, Beschäftigung für Senioren und lokale Sozialfürsorge gefördert. Aktiv und verantwortungsvoll lenkt das Trunk (Hotel) damit sein Viertel in eine nachhaltige Zukunft.

Ein Eldorado für Vegetarier und Veganer

ALMODÓVAR HOTEL

Das Almodóvar Hotel im Herzen Berlins lebt ein spannendes Modell für Nachhaltigkeit und Umweltschutz – und verschmilzt Ethik mit Ästhetik.

Die urbane Oase, das Almodóvar Hotel, liegt im Berliner Viertel Friedrichshain. Der erste Eindruck eines klassischen Wellnesshotels trügt: Dahinter findet sich eine durchweg umweltbewusste Haltung. Zu Recht bezeichnet sich das Haus als Ort, „wo sich Ethik und Ästhetik begegnen". In den 60 großzügigen Zimmern hilft das Tageslicht beim Energiesparen. Der verwendete Strom stammt zu hundert Prozent aus erneuerbaren Energien, zudem tragen energieeffiziente Technologien wie Sensoren und Apps zum grünen Charakter des Hauses bei. Bei der Neugestaltung hatten Architekten und Interior Designer ein Design im klaren Bauhaus-Stil im Sinn. Jedes Möbelstück der minimalistisch gehaltenen Zimmer und Suiten wurde individuell entworfen und aus Rosenholz aus nachhaltig bewirtschafteten Wäldern gefertigt. Natürliche Öle sorgen für Langlebigkeit. Die Wände sind mit offenporiger Leim-Kalkfarbe, die besonders verträglich ist, gestrichen und die Böden bestehen aus eingelassenem nachhaltigen Holz. Eine umweltfreundliche Wärmepumpe kühlt und heizt die Zimmer – der grüne Ansatz zieht sich also systematisch durchs ganze Hotel. Nicht zuletzt soll sich die visionäre Philosophie der Eigentümer auch im Miteinander von Mitarbeitern und Gästen zeigen: „Wir glauben an die Individualität jedes einzelnen Menschen. Außerdem sind wir fest

ALMODÓVAR HOTEL

BERLIN, DEUTSCHLAND

ELEMENTE AUS NATURHOLZ UND WEICHEN TEXTILIEN UNTERSTREICHEN DIE UMWELTNAHE EINSTELLUNG DES HOTELS. DAS HAUSEIGENE BISTRO BARDOT IST, PASSEND ZUR VEGANEN SPEISEKARTE, IN WARMEN OLIVTÖNEN GESTALTET (LINKS).

DIE 60 ZIMMER DES ALMODÓVAR HOTELS SIND ALLE UNTERSCHIEDLICH EINGERICHTET UND IN NATURTÖNEN GEHALTEN. DIE AUSWAHL REICHT VON GUT AUSGESTATTETEN STANDARDZIMMERN BIS HIN ZU GERÄUMIGEN SUITEN (RECHTS UND LINKS UNTEN).

davon überzeugt, dass der respektvolle und ressourcenorientierte Umgang miteinander und mit unserer Umwelt der Schlüssel für eine gute Zukunft ist," heißt es aus dem Almodóvar „Wertschätzung und Nachhaltigkeit sind die Basis für den Umgang mit unseren Gästen und innerhalb unseres Teams. Wir wissen, dass Offenheit und neue inspirierende Eindrücke wichtige Elemente im Leben sind. Eine außergewöhnliche, ästhetische Umgebung bietet dafür den gelungenen Rahmen. Deshalb haben wir uns auch viel Mühe gegeben, eine Hotelumgebung zu schaffen, die organisches Design mit sinnlichen und ethischen Genüssen verbindet." Mit seinem Restaurant führt das Almodóvar Hotel dieses Konzept konsequent fort. Das zertifizierte Biorestaurant serviert ausschließlich vegane und vegetarische Gerichte. Als offizieller Partner der renommierten Organisationen VeggieHotels und Sleep Green Hotels kocht das Hotel ausschließlich mit biologischen, saisonalen Zutaten und verzichtet auf industriell verarbeitete Lebensmittel. Es versteht sich von selbst, dass das Restaurant und das dazugehörige Deli eng mit lokalen Händlern zusammenarbeiten. Das Almodóvar unterstreicht die wachsende Bedeutung von Nachhaltigkeit und Ethik in der Tourismusbranche, in der die Partner von VeggieHotels eine wichtige Vorreiterrolle einnehmen: Wer sich vegetarisch oder vegan ernährt, spart CO_2 und trägt so aktiv zu einer gesünderen Umwelt bei.

TULUM TREEHOUSE   YUCATÁN, MEXIKO

Ein privater Rückzugsort im Dschungel

Das Tulum Treehouse lebt in symbiotischer Verbindung mit dem mexikanischen Dschungel. Mit seinem starken Gemeinschaftssinn ist das Hotel ein Vorbild für private Retreats von morgen.

Auf der ganzen Welt verbindet man Tulum mit Ruinen, Hippiestränden und Rifftauchen – doch auch der Dschungel prägt das Bild dieses Sehnsuchtsortes. Das Tulum Treehouse liegt versteckt in einem dichten Mangrovenwald und empfängt anspruchsvolle Abenteurer und Erholungssuchende gleichermaßen.

Smaragdgrüne Palmen umgeben das einladende Privathaus. In der Nähe erstreckt sich das Biosphärenreservat Sian Ka'an. Das Tulum Treehouse wurde von lokalen Handwerkern in Zusammenarbeit mit Architekten, Kunsthandwerkern und einem internationalen Designteam unter nachhaltigen Gesichtspunkten errichtet. Im

TULUM TREEHOUSE

VON DEN WÄNDEN, BÖDEN, TREPPEN UND SÄULEN BIS HIN ZUR KÜCHE BESTEHT IM TULUM TREEHOUSE FAST ALLES AUS POLIERTEM WEISSEN BETON. DER WEICHE, HELLE KREIDETON STRAHLT EINE FREUNDLICHE WÄRME AUS.

IN DEN SCHLICHT EINGERICHTETEN ZIMMERN FÜHREN NATURMATERIALIEN AUS DER REGION DEN ÖKOLOGISCHEN GRUNDGEDANKEN DES TULUM TREEHOUSE WEITER. DIE MEISTEN SITZMÖBEL SIND AUS DEM KARIBISCHEN WALNUSSHOLZ TZALAM GEFERTIGT.

üppigen Grün bietet das Haus Rundumservice, fünf Gästezimmer, große Gemeinschaftsbereiche, großzügige umlaufende Terrassen und verschiedene Lieblingsplätze drinnen wie unter freiem Himmel.

„Unser neues Konzept von Gastfreundschaft sollte zum Lebensstil der modernen Nomaden passen und damit zu Gästen, die nach authentischen, neuen Erfahrungen suchen. Menschen, die an lokalen Traditionen und Gerichten, an Musik und alten Ritualen interessiert sind", erzählt Juan Pablo Heredia, Mitgründer von Tulum Treehouse. „Wir sehen uns als Vermittler zwischen Mensch und Kultur. Ich habe jahrelang in dieser Region gelebt und das Können der lokalen Handwerker mehr und mehr zu schätzen gelernt. In Kombination mit internationaler Designkunst und Ästhetik wollten wir das Leben im Dschungel neu interpretieren." Die Schönheit der Natur auf der Halbinsel Yucatán inspirierte das in Tulum ansässige Architekturbüro CO-LAB Design Office zu diesem besonders naturverbundenen Haus. Eine sanfte Brise weht durch Innen- und Außenbereiche, und durch die Fenster fällt der Blick in wogendes Grün. Das Spiel von Licht und Schatten sorgt für attraktive Kontraste. Das Büro arbeitet mit handgefertigten

EINE SANFTE BRISE WEHT DURCH
INNEN- UND AUSSENBEREICHE,

UND DURCH DIE FENSTER FÄLLT DER
BLICK IN WOGENDES GRÜN.

TULUM TREEHOUSE   YUCATÁN, MEXIKO

DER UMLIEGENDE DSCHUNGEL GIBT HIER DAS KOLORIT VOR: LOKALE TEXTILIEN UND KERAMIKEN IN NATÜRLICHEN NUANCEN VON GRÜN, TAUPE UND BRAUN SETZEN IM ZURÜCKHALTENDEN INTERIEUR VEREINZELT FARBAKZENTE.

VIELE ZIMMER GEHEN AUF RUHIGE AUSSENBEREICHE HINAUS (LINKS). DIE TREPPE (UNTEN) FÜHRT ZU EINEM ESSTISCH AUF DEM DACH FÜR 20 GÄSTE, DIE VON HIER EINEN SPEKTAKULÄREN BLICK AUF DEN DSCHUNGEL GENIESSEN.

Oberflächen und verwendete ausschließlich natürliche, regionale Materialien wie Tzalam-Holz. Das Tulum Treehouse wird per Solaranlage betrieben, samt Notstromaggregat. Auch die gekoppelte Wasseraufbereitungs- und Bewässerungsanlage hilft, das fragile Ökosystem aus Dschungel und Mangrovenwald zu erhalten. Seinen Mix aus polyglotter Ästhetik und erdenden Elementen verdankt das Projekt der Innenarchitektin und Stylistin Annabell Kutucu. In Zusammenarbeit mit CO-LAB kombinierte sie Mobiliar der lokalen Tischler Jorge und Rita mit handgewebten Körben von Rosalinda, eigens gefertigter Oaxaca-Keramik von La Chicharra und Textilien des mexikanischen Labels Caravana. Polierter Beton bildet die passende zurückhaltend-elegante Kulisse für die farbenfrohen Stücke.

Teppiche aus Oaxaca und maßgefertigte Möbel vom Antiquitätenmarkt in Mexiko-Stadt vervollständigen den Look.

In den Zimmern stehen zart duftende Pflegeprodukte der Biokosmetikmarke Lolita Lolita aus Tulum bereit. Inspiriert von Gesundheitsritualen der Region verwendet die Marke natürliche lokale Zutaten wie Aloe Vera, Chili, Pfefferminze, Rosmarin und Honig, die Körper, Geist und Seele eine kleine Auszeit schenken. Die meisten der inspirierenden Kosmetikrezepturen wurden traditionell von der Großmutter an die Mutter und schließlich an die Tochter weitergegeben. So bewahrt das Tulum Treehouse auf allen Ebenen eine unschätzbar wertvolle Vielfalt.

Ceci n'est pas un hotel

BNA HOTELS

Mit zwei Hotels und spannenden Kunstinitiativen will das Tokioter Projekt BnA die lokale Kreativszene unterstützen. Gelungen praktizieren die Hotels zukunftsweisende urbane Gastfreundschaft.

Das Projekt BnA – das Kürzel steht für Bed and Art – ist ein neuer Meilenstein in Sachen Gastfreundschaft und im Kreativsektor. Es wurde im Jahr 2014 von den beiden Unternehmern Yu „Taz" Tazawa und Yuto Maeda gegründet. Der Architekt Keigo Fukugaki, der stark in der japanischen Street-Art-Szene verwurzelt war, wurde mit ins Boot geholt. Man wusste um die Schwierigkeiten dieser jungen Künstler und wollte sie daher unkompliziert mit Kunstliebhabern zusammenbringen. Als vierter im Team sorgte schließlich Kenji Daikoku als weiterer Kenner der lokalen Untergrund-Kunstszene für die notwendigen Kontakte.

Die Hotelzimmer sollten von japanischen Künstlern gestaltet und von Reisenden aus aller Welt gebucht werden. Bald war BnA als kreatives Kollektiv bekannt, das Kunst und Publikum zusammenbrachte. Dank eines weltweiten Netzwerks aus Künstlern, Kreativen, Influencern und Freidenkern mit unterschiedlichen Ansätzen hob das Projekt bald richtig ab.

BNA HOTELS

TOKIO, JAPAN 141

FÜR DAS DESIGN IHRES „ATHLETIC PARK" HAT SICH KÜNSTLERIN RYOHEI MURAKAMI VON KINDERSPIELPLÄTZEN, SPORTGERÄTEN UND BUNTEN GRAFITTI INSPIRIEREN LASSEN. DAS ERGEBNIS VERBREITET POP-ART-STIMMUNG.

Das erste BnA Hotel eröffnete mit zwei kleinen Kunst-Zimmern im Tokioter Szeneviertel Koenji, dann folgte mit fünf Zimmern das BnA STUDIO Akihabara. Entworfen von japanischen Künstlern und Künstlerkollektiven wie studioBOWL, 81 BASTARDS und 51.3 G-WAVE widmen sich die Räume verschiedenen visionären Wohnideen für das urbane Tokio. Die Künstler genießen bei der Gestaltung der Räume komplette künstlerische Freiheit und werden von einem kompetenten Team aus Architekten, Textildesignern, Elektrikern und Schreinern unterstützt. Als erstes japanisches Projekt seiner Art arbeiten BnA Hotels zudem mit einer fairen Umsatzbeteiligung: Ein bestimmter Prozentsatz jeder Zimmerbuchung fließt direkt an den Künstler, der es gestaltet hat, und beschert ihm so ein regelmäßiges Einkommen.

Derzeit plant das vierköpfige Gründungsteam eine Erweiterung des BnA Hotels Koenji um 30 bis 40 Zimmer, die über das ganze Viertel verteilt sein soll. Die Gäste checken dann an einer zentralen Rezeption ein und werden durch die atmosphärischen Straßen und Gassen des kreativen Szeneviertels zu ihrer Unterkunft gebracht, Streetart-Flair inklusive. Zudem beziehen die BnA-Hotels Unternehmen vor Ort gewinnbringend in den Hotelalltag ein – von Cafés über Bäckereien bis hin zu Fahrradverleihfirmen. So unterstützt das Konzept lokale, natürlich gewachsene Strukturen.

Dazu zählt auch die Café-Bar im BnA Hotel Koenji, die nicht nur als Rezeption dient, sondern auch ein beliebter Treffpunkt für lokale Künstler ist. Sie können im Café ihre Arbeiten den internationalen Gästen und den Leuten aus der lokalen Community präsentieren und sie dort auch verkaufen. Die Köstlichkeiten auf der Speisekarte des Cafés stammen ihrerseits von regionalen Erzeugern und Zulieferern. Von einer vagen Idee haben sich BnA Hotels über die Jahre mittlerweile zu einem wichtigen Akteur der Tokioter Kreativszene entwickelt. Es wäre zu wünschen, dass das Projekt weiter wächst und zunehmend zur Kunstszene in Japan und anderswo beiträgt.

Lust auf Korsika

An der korsischen Nordküste feiert das luxuriöse Ökohotel Misíncu lokale Traditionen – und die atemberaubende Inselnatur.

MISÍNCU

KORSIKA, FRANKREICH

Als nördlicher Ausläufer Korsikas ragt die wild bewachsene Halbinsel Cap Corse ins Ligurische Meer. Hier liegt nahe dem Dorf Cagnano das Hotel Misíncu. Von seinem 28 Hektar großen Anwesen blickt es über ein zauberhaftes Tal, das vom Col de la Serra sanft zum Meer hin abfällt. Der malerische kleine Hafen, der Strand und die klare Bucht des nahen Dorfes heißen Besucher willkommen. Ringsum erstreckt sich die Macchie – ein einzigartiges mediterranes Ökosystem aus dichten, immergrünen Sträuchern. An duftenden Hängen wachsen zudem Orangen- und Zitronenbäume und Myrten. Wanderwege schlängeln sich landeinwärts zwischen Olivenbäumen und Bienenstöcken hindurch. In den Erhalt der Fischerdörfer, Villen und Paläste aus dem 19. Jahrhundert hat die Region viel investiert. In den 1950er-Jahren beherbergte das Haus in seinen Holzbungalows,

MISÍNCU

GELUNGEN VEREINT DAS HOTEL MISÍNCU EINEN MINIMALISTISCHEN STIL MIT RUSTIKALEM CHARME. MIT WARMEN BRAUNTÖNEN, WEICHEN TEXTILIEN UND GROB BEARBEITETEM HOLZ BILDET DAS INTERIEUR EINEN REIZENDEN KONTRAST ZU DEN WEISS VERPUTZTEN AUSSENMAUERN.

WÄHREND DER SOMMERMONATE LÄDT DIE ERHÖHTE TERRASSE DES MISÍNCU ZUM ESSEN EIN. DARUNTER RAUSCHEN DIE WELLEN DES MITTELMEERS, UND EIN BALDACHIN AUS LEICHTEN BASTMATTEN SPENDET ANGENEHMEN SCHATTEN.

damals noch als Hotel Caribou, legendäre Künstler wie Serge Gainsbourg, Alain Delon und Romy Schneider. Über Jahrzehnte gingen hier internationale Stars ein und aus. Der gebürtige Korse Sylvain Giudicelli gestaltete das historische Hotel zusammen mit seinem guten Freund Reza Zographos komplett um. Respektvoll baut ihr zeitgenössischer Ansatz auf den Traditionen von Cap Corse auf. Die Architektin und Interior Designerin Olympe Zographos entwickelte einen authentischen mediterranen Look mit korsisch-griechischen Einflüssen. Das Dekor ist schlicht und unaufgeregt. Weißer sardischer Marmor und elegante Torbögen prägen die Lobby des Haupthauses. Ausgeblichenes Eichenparkett, große Korbsessel und Holz- und Bronzeskulpturen schenken den 32 Zimmern ein künstlerisches Vintage-Ambiente. Die Terrakotta- und Marmorbadezimmer zieren Rauchglas und Bronzebeschläge, große Mineralwaschbecken zitieren Elemente der Insel. Neben den Hotelzimmern gibt es ein kleines Dorf aus elf eleganten Ferienvillen. Ihre Dächer sind mit den traditionellen *lauzes*, steinernen Ziegeln, gedeckt. Die Gärten bepflanzte Landschaftsarchitekt Jean Mus mit einheimischen Pflanzen und Sträuchern. Für seine strengen Naturschutzrichtlinien erhielt das Misíncu das Europäische Umweltzeichen. Solarmodule sorgen für sauberen Strom (die gesamte Energie stammt aus erneuerbaren Quellen), Wassersparmaßnahmen und ein kluges Abfallmanagement schonen Umwelt und Ressourcen. Auch die kulinarischen Traditionen Korsikas werden im Misíncu bewahrt. Der Küchenchef kocht fast ausschließlich mit selbst angebauten Zutaten. Was fehlt, bezieht er von korsischen Produzenten. Die Hälfte des Hotelteams lebt in der Umgebung, womit das Misíncu lokal arbeitet und für beste Ausbildung sorgt. Nicht zuletzt hat auch das französische Gesetz mitzureden: Öffentliche Küstengebiete stehen unter besonders intensivem Schutz, was Auflagen für die dortige Architektur mit sich bringt. Die Eigentümer des Misíncu achten penibel darauf, sie einzuhalten. So wird der Strandpavillon am Privatstrand des Hotels am Ende jeder Saison demontiert, sodass die Küste den Rest des Jahres unberührt wirkt.

REISE ZUM NÄCHSTEN LEVEL

„Im Leben geht es eher um den Weg an sich und weniger um Angst, Stress oder die ständige Suche nach mehr", sagt Jacqui Lewis, Mitgründerin von The Broad Place in Sydney. Ihre „Schule für Kreativität, Klarheit und Bewusstsein" veranstaltet Workshops und Retreats mit Partnern in Singapur, London, Indien und Los Angeles.

Das Konzept der Achtsamkeit ist in der Hotellerie angekommen. Man hat verstanden, dass immer mehr Menschen ihre Weltanschauung überdenken. Reisen hilft uns dabei, unsere Komfortzone zu verlassen und uns in unerforschte – auch innere – Gefilde zu begeben. Viele Reisende suchen nach genau dieser Erfahrung.

Lewis gründete The Broad Place zusammen mit ihrem Mann Arran Russell, um sich „mehr auf ein besseres Dasein als auf das Tun zu konzentrieren". Auf dem Lehrplan stehen etwa Gelassenheit und Wohlbefinden – ein Konzept, das das Paar als „hochwertiges Leben" bezeichnet und das die Frage stellt: „Wie kann ich jederzeit von meinem niederen Selbst zu meinem höheren Selbst gelangen?' – Es gibt auf alles, was uns im Leben begegnet, eine bessere und eine schlechtere Reaktion", erklärt Lewis. „Unsere Mission ist, Menschen helfen, ihr volles Potenzial zu entfalten."

Ein ganz ähnliches Ziel verfolgt Ilaria Sgaravato. Die Pariserin arbeitete früher für Prada, ließ sich dann zur Yogalehrerin ausbilden und gründete das Wohlfühlunternehmen Happy Healthy Ila. Heute leitet sie Retreats im Ökohotel Coucoo Grands Chênes, das etwas außerhalb der französischen Hauptstadt liegt. „Achtsamkeit ist ein Weg, um die heutige Schnelllebigkeit, hin- und herspringende Gedanken und die ständige Ablenkung anzuerkennen, die durch Projektionen, Urteile und Emotionen ausgelöst werden", erklärt Sgaravato. „Achtsamkeit holt uns in die Gegenwart zurück. Wie wäre es, wenn wir einmal wir selbst sein könnten und uns die Zeit dafür nehmen, diesem Zustand zu entkommen?" Bei ihren Happy Retreats veranstaltet Sgaravato „alternative Themenferien rund um Yoga, Glück und Natur".

Viele Hotels und Resorts reagieren aktiv auf den wachsenden Wunsch nach Introspektion und wertvollem Austausch. Sie investieren in Wissen und Kreativität, um den Gästen eine neue, alternative Erfahrung zu bieten. Reisen mit einem Zweck ist zum neuen Standard geworden. Im spanischen Andalusien hat der Bio-Ferienhof La Donaira sein Konzept rund um Permakultur aufgebaut. Hier sind Gäste aktiv

ALS KLEINE OASE LIEGT DAS RIAD JARDIN SECRET IN MARRAKESCH. IM BLÜHENDEN INNENHOF LÄSST ES SICH WUNDERBAR ENTSPANNEN, NACHDENKEN UND MEDITIEREN.

REISE ZUM NÄCHSTEN LEVEL

IM LEBEN GEHT ES VIEL MEHR UM DIE REISE ALS SOLCHE, UND NICHT UM ANGST ODER STRESS

(OBEN) IM NIMMU HOUSE, EINEM BIORESORT IM INDISCHEN BUNDESSTAAT JAMMU UND KASHMIR, WERDEN TÄGLICH YOGA UND MEDITATION ANGEBOTEN.

(RECHTS) DAS SCHWEDISCHE WANÅS HOTEL KANN AUCH FÜR MEETINGS ODER KONFERENZEN GEBUCHT WERDEN UND VERSPRICHT EFFEKTIVES TEAMBUILDING AUSSERHALB DES ARBEITSALLTAGS.

dazu eingeladen, sich mit neuen Anbautechniken und dem Boden zu befassen und Wissen auszutauschen. Beim Abendessen treffen sich Menschen verschiedenster Nationalitäten und Altersklassen am großen Gemeinschaftstisch. Bioimker, Erdbau-Architekten, Künstler, Musiker, Vogelnestdesigner und einflussreiche Landwirte wie Joel Salaton bereichern die Runde und geben inspirierende Denkanstöße zu alternativen Lebenskonzepten und neuen Perspektiven.

Was Hintergrundwissen, Ausrichtung und Achtsamkeit angeht, verfolgt jeder der neuen Hoteliers einen anderen Ansatz. In Marrakesch haben Cyrielle Astaing und Julien Phomveha ihr Riad Jardin Secret kreativ umgestaltet. Heute dient es als Bühne für Fotografie, Design und Kunst und lebt gleichzeitig eine nachhaltige Lebensweise vor. „Von den schicken Hotels haben wir uns von Anfang an distanziert. Wir sind ganz bewusst ‚antimodern' und begrüßen kleine, im Verlauf der Zeit entstandene Unvollkommenheiten. Unser Konzept ist authentisch und unprätentiös. Diese Natürlichkeit und Einfachheit zeigt sich auch in der Wahl ehrlicher Naturmaterialien", erklärt das Duo. Der Einblick in das authentische marokkanische Leben ist hier inklusive. Gäste können sich mit lokalen Kunsthandwerkern austauschen und marokkanische Klassiker verkosten. Der Aufenthalt im Riad Jardin Secret ist wie ein kompletter Neustart für die Sinne.

Das Nalu Nosara in Costa Rica wurde von Nomel und Mariya Libid als Boutiquehotel und Yogastudio neu erbaut: „Wir wollten einen gesunden Lifestyle, Wellness und Surfen miteinander verbinden. Besonders wichtig ist uns die lokale Philosophie des *pura vida*, die auch in unserem Namen enthalten ist: *Nalu* bedeutet, in ewigem Optimismus zu leben." Zu ihrer kleinen, nachhaltigen Oase gehört ein Fitnessbereich unter freiem Himmel. Umgeben vom satten Grün des Dschungels machen die Yogasession und das Workout doppelt so viel Spaß. „Das Nalu Nosara lädt dazu ein, komplett loszulassen", sagt das Paar. „Hier findet der Geist zum Wesentlichen zurück."

Fern des Dschungels verfolgt das Le Collatéral im französischen Arles wieder ein völlig anderes Konzept. Bei kreativen *bivouacs* nehmen Gäste hier an künstlerischen Wochenend-Events zu vorgegebenen Themen teil. Zum Stichwort „Extrakt" etwa demonstriert ein Imker seine Honigschleuder – begleitet von einem Komponisten, der eine Aufnahme vom Summen einer Bienenkönigin abspielt. Der Klang des Bienenstocks und die zu sehende Bienenwabe sorgen zusammen mit einer Kostprobe des Honigs für ein besonders intensives Sinneserlebnis. „Kreative Arbeiten schaffen neue Perspektiven", erklären Anne-Laurence und Philippe Schiepan, die das Le Collatéral als Paar leiten. „Kunst inspiriert, verwundert und regt zum Überdenken der eigenen Überzeugungen in Bezug auf Genuss, Zeit und vielleicht auch den Sinn des eigenen Lebens an. Sie verändert Denken und Fühlen nachhaltig."

Ein marokkanisches Geheimnis

Als kreative Wohlfühloase baut das Riad Jardin Secret auf einen zeitlosen Look, Tradition, ganzheitliche Lösungen und einen Schuss Rock'n'Roll.

Auch Gebäude dürfen manchmal einen zweiten Frühling erleben, und das Riad Jardin Secret ist eins davon. Cyrielle Astaing und Julien Phomveha stießen auf dieses Riad und verstanden seinen ureigenen Charakter. Die beiden kreativen Freigeister waren in der Modebranche tätig und schon oft in Marokko zu Besuch. Auf der Suche nach neuen Abenteuern und einem völlig anderen Lebensstil übernahmen sie das Riad in ihrem geliebten Marrakesch von einer französischen Familie. Das im frühen 20. Jahrhundert erbaute Kleinod war wie geschaffen für den gemeinsamen Traum von einem echten Zuhause. Ein reicher Marrakchi hatte einst zwei identische Riads erbaut und schenkte eines davon, das Riad Jardin Secret, seiner Lieblingsharemsdame. Als Meisterstück marokkanischer Handwerkskunst bezaubert es mit seinem kunstvollen Stuck, traditionellen Zellij-Fliesen, Tadelakt und plastischen, handbemalten Wandverzierungen.

Mit seiner charaktervollen Patina war das denkmalgeschützte Riad wie für das fotografie- und designbegeisterte Duo gemacht. Hier wollten Astaing und Phomveha ihre Liebe zu Marrakesch und zur Kunst mit einem nachhaltigen Leben verbinden. Das Paar erklärt, dass sie sich unbedingt von den modernen, schicken Hotels und luxuriösen Riads abheben wollten. Sie wünschten sich,

RIAD JARDIN SECRET

DIE GESCHÜTZTEN NISCHEN UND GÄSTEZIMMER RAHMEN DEN ZENTRALEN, GRÜN BEPFLANZTEN INNENHOF DES RIAD SECRET GARDEN (LINKE SEITE). AUF EINER ZWEITEN, KLEINEREN TERRASSE BEFINDET SICH DIE AUSSENKÜCHE.

einen intimen, geheimen und menschlichen Ort mit eigener Identität zu erhalten. Unter dieser Prämisse machten sich die beiden an die Renovierungsarbeiten, wobei sie ihr „antimodernes" Lebensprinzip immer im Blick behielten. „Antimodern sein" – das ist für Cyrielle und Julien „die Kunst, im Verlauf der Zeit entstandene Unvollkommenheiten zu begrüßen und durch Verwendung einfacher Materialien eine schlichte, unprätentiöse Aufrichtigkeit in den Alltag zu bringen." Handgefertigtes Mobiliar von lokalen Handwerkern schenkt dem Interieur des denkmalgeschützten Gebäudes ein zeitgemäßes Flair. Die vielen zarten Details, die bunten Mosaiken und kunstvoll geschnitzten Holztüren kontrastieren wunderbar mit Astaings puristischen Schwarz-Weiß-Drucken aus der marokkanischen Wüste und der grob gewebten Bettwäsche im Margiela-Stil. Das kleine Arbeitszimmer am Eingang kann mit einem Regal aus recycelten Kisten à la Peter Marigo aufwarten. Die Einrichtung besteht großteils aus handverlesenen Objekten von den besten Flohmärkten Marrakeschs und befreundeten Handwerkern. Die gelungenen Arrangements mit geprägten Lederkissen und verblichenen Kelims sorgen für ein zeitloses, anregendes und edles Ambiente.

Dieselbe atmosphärische Strahlkraft hat auch die hauseigene Boutique mit ihrer sorgfältig kuratierten Auswahl lokaler Handwerkskunst: Handgefertigte Hocker, lederne Berberteppiche,

DIE EINRICHTUNG BESTEHT GROSSTEILS
AUS HANDVERLESENEN OBJEKTEN VON DEN

BESTEN FLOHMÄRKTEN MARRAKESCHS UND
BEFREUNDETEN HANDWERKERN.

RIAD JARDIN SECRET — MARRAKESCH, MAROKKO

AUSGEBLICHENE ROSÉ-, OCKER- UND TERRAKOTTATÖNE BILDEN DIE PERFEKTE KULISSE FÜR DAS LEBENDIGE, SATTE GRÜN DER FREILUFTBEREICHE. AUF DER ROSAFARBENEN DACHTERRASSE BEFINDET SICH EINES DER WENIGEN VEGANEN RESTAURANTS VON MARRAKESCH.

geschnitzte Zitronenholzlöffel, Keramikbehälter aus Tadelakt und Vintage-Schmuck erzählen Geschichten, die wahrhaftig aus *Tausendundeine Nacht* zu stammen scheinen.

Ihren nachhaltigen, entspannten Lebensstil haben Astaing und Phomveha auch auf das Restaurant des Riads ausgeweitet: Im Pink Roof Top kommen saisonale, vegetarisch-vegane Köstlichkeiten auf den Tisch. Der marokkanische Koch Mohamed bereitet alle Gerichte aus frischem Biogemüse und Biozutaten von lokalen Bauern zu. Jeder Teller versteht sich hier als liebevoller Beitrag zur Förderung der Gesundheit von Mensch und Umwelt und einer intakten lokalen Gemeinschaft. Als alte Indie-Kids haben Cyrielle und Julien auf dem Dach ein Tipi aufgebaut, das an ihre gemeinsamen Motorradtrips, ihre Liebe zur Tattookultur und zur Rockmusik der 1970er-Jahre erinnert. Wie in einer geheimnisvollen Zeitblase bietet das Riad viel Raum für lebendige Kreativität und Inspiration: Ganz ohne flimmernden Fernseher oder surrende Klimaanlagen können sich Gäste hier ungestört erholen, und Künstler sind für längere Aufenthalte stets willkommen. Das Gästebuch soll nicht unerwähnt bleiben: Es erinnert an jeden Gast mit einem sepiafarbenen Polaroid-Foto, und so hinterlässt jeder hier seine eigene analoge Spur.

Ein Blick in die Zukunft

Dort, wo die Andenkulturen ihren Ursprung nahmen,
liegt die Öko-Lodge Titilaka zwischen schneebedeckten Gipfeln und
glitzerndem Wasser am peruanischen Ufer des Titicacasees.

TITILAKA

TITICACASEE, PERU

Der Titicacasee gehört zu jenen verzauberten Orten, die von Abenteuern und alten Sagen erzählen. Er ist der höchste schiffbare See der Welt. Nach einer bolivianischen Legende befand sich hier einst ein Tal, dessen Bewohner eines Tages die Götter erzürnten. Tausend Pumas wurden geschickt, um die Sünder zu töten. Als der Sonnengott Inti davon erfuhr, trauerte er so sehr, dass seine Tränen das Tal überschwemmten. Die einzigen Überlebenden, ein Mann und eine Frau, fanden sich schließlich auf einem Boot im heutigen Titicacasee wieder. Mit seinen knapp 8.400 Quadratkilometern gilt der See heute als Binnenmeer. Besonderes Merkmal ist sein dunkles Wasser, das stellenweise bis zu 281 Meter tief ist.

Nach der holperigen Fahrt über eine unbefestigte Straße, die an Feldern mit Arbeitern in der typischen bunten Andentracht

158 TITILAKA   TITICACASEE, PERU

VON ALLEN ZIMMERN BIETET SICH EIN EINDRUCKSVOLLER BLICK AUF DEN SEE. DIE GÄSTE DER BEIDEN ECKZIMMER KÖNNEN ZUDEM SONNENAUF- UND SONNENUNTERGANG GENIESSEN (LINKS UNTEN). DIE ANDEREN ZIMMER LASSEN DIE WAHL ZWISCHEN MORGEN- ODER ABENDSTIMMUNG.

vorüberführt, kommt man zum Boutiquehotel Titilaka. An der Spitze einer kleinen Halbinsel gelegen, scheint es förmlich auf dem Wasser zu treiben. Seine 18 Zimmer blicken auf den spektakulären See hinaus. Im Außenbereich finden sich umlaufende Terrassen, ein Sonnendeck, Holzstege und zwei Privatstrände. Überall kann man das faszinierende Schauspiel von Erde, Wasser und Himmel beobachten.

Der Hauptfokus der luxuriösen Öko-Lodge liegt auf sozialem Engagement und dem Schutz seiner natürlichen Umgebung. Jedes Jahr erhält das Hotel das CALTUR-Siegel, mit dem die peruanische Regierung vorbildliche Objekte auszeichnet, die sich in besonderem Maß für die Umwelt und ihr soziales Umfeld einsetzen. Mit sicheren, gut bezahlten Arbeitsplätzen – in der Region eine Ausnahme – unterstützt das Titilaka nachhaltig die wirtschaftliche Entwicklung der umliegenden Dörfer. Das Hotel kauft viele Lebensmittel und handgefertigte Textilien vor Ort und ist so für Familien aus der Region eine wichtige Einnahmequelle. Hand in Hand mit verschiedenen Organisationen werden zudem viele Gemeinden rund um den See unterstützt. Zu den aktuell geförderten Initiativen zählen der Bau von Trinkwasseranlagen und die Einrichtung stabiler Internet- und WLAN-Versorgung.

Das Titilaka finanziert ein Webereiprojekt mit Textilworkshops der Modemarke Klaud aus Lima, die moderne Interpretationen der bunt gemusterten Andenstoffe fördert. Für die lokale Schule bezahlt die Öko-Lodge einen Englischlehrer und bietet Workshops und Praktika im Hotel an. Das Hotel hat sich zu einem kleinstmöglichen ökologischen Fußabdruck verpflichtet. Abfall wird recycelt, Abwasser für die Bewässerung genutzt. Die Umgebung und die umliegenden Strände werden regelmäßig von Abfall bereinigt. Was im Hotel gebraucht wird, bezieht man lokal. Seine vielen effektiven und effizienten Lösungen machen das Titilaka zum Hoffnungsstrahl für die ganze Region.

EINE AUSNAHME IN DER REGION:
DAS TITILAKA UNTERSTÜTZT NACHHALTIG

DIE WIRTSCHAFTLICHE ENTWICKLUNG
DER UMLIEGENDEN DÖRFER.

TITILAKA — TITICACASEE, PERU

DAS RESORT LIEGT AUF EINEM 1,6 HEKTAR GROSSEN SEEGRUNDSTÜCK DIREKT AM UFER. NEBEN DEN ZWEI PRIVATSTRÄNDEN LADEN AUCH DIE UMLAUFENDEN TERRASSEN DER LODGE ZUM GEMEINSAMEN ENTSPANNEN, SONNENBADEN UND ESSEN EIN (OBEN UND VORIGE SEITE).

ÜBERALL LEUCHTEN EINEM DIE INTENSIVEN FARBEN PERUS ENTGEGEN. DIE GESAMTE LODGE IST MIT TEXTILIEN UND KUNSTOBJEKTEN VON LOKALEN KÜNSTLERN UND KUNSTHANDWERKERN AUSGESTATTET. KRÄFTIGE ROT-, ORANGE-, VIOLETT- UND BLAUTÖNE SPIEGELN DIE INDIGENE KULTUR WIDER (LINKS UND OBEN).

TITILAKA, *TITICACASEE, PERU*

VILLA LENA — TOSKANA, ITALIEN

Zeitreise in eine einfachere Vergangenheit

In einer Patriziervilla aus dem 19. Jahrhundert betreibt die Villa Lena
ein inspirierendes Hotel samt Kunststiftung.

In den toskanischen Hügeln zwischen Pisa und Florenz legt die Villa Lena eine italienische Tradition neu auf: Das klassische Konzept des Agriturismo, des italienischen Bauernhofhotels. Die Appartements und Gemeinschaftseinrichtungen sind in umgebauten historischen Hofgebäuden, Ställen und Jagdhütten untergebracht. Auf dem 500 Hektar großen Gelände finden sich Wäldchen, Weinberge und Olivenhaine. Zudem versteht sich die Villa als Non-Profit-Organisation und Künstlerresidenz. Die bewegte Geschichte des Anwesens reicht bis ins späte 19. Jahrhundert zurück. Nachdem es von einer italienischen Adelsfamilie erworben und in ein

VILLA LENA

GÄSTE KÖNNEN SICH ZWISCHEN DER VILLA (LINKS OBEN) UND DEN UNTERKÜNFTEN FÜR SELBSTVERSORGER ENTSCHEIDEN, DIE ÜBER DAS GELÄNDE VERTEILT SIND. DIE VON DEN GASTKÜNSTLERN ANGEBOTENEN WORKSHOPS (OBEN UND SEITE 168) STEHEN ALLEN GÄSTEN OFFEN.

kleines Kunstparadies – samt Deckenfresken – verwandelt wurde, begann im 20. Jahrhundert eine unbeständige Zeit mit vielen Besitzerwechseln und architektonischen Veränderungen. Als die heutigen Eigentümer die damalige Residenza San Michele im Jahr 2007 kauften, befand sich das Haus in einem desolaten Zustand. So machten sich Lena Evstafieva (Kunstkennerin und -sammlerin), Jérôme Hadey (Musiker und Produzent) und Lionel Bensemoun (Pariser Gastronom und Clubbesitzer) mit vereintem Wissen und Können daran, die Villa zu restaurieren und zu neuem Leben zu erwecken. Gemeinsam gründeten sie im Jahr 2013 die Villa Lena Agriturismo & Art Foundation. Ihre Vision war ein einzigartiger Rückzugsort in der Toskana, an dem Menschen aus Musik, Kunst, Unterhaltung, Film und Mode zusammenkommen. Zu diesem Zweck ermöglicht die Stiftung Künstlern einen einmonatigen Gratisaufenthalt in einem der Gästeappartements, wo sie sich voll und ganz auf ihre Arbeit konzentrieren können. Von diesem Arrangement profitieren auch die zahlenden Gäste: Als Gegenleistung geben die Künstler inspirierende Workshops und hinterlassen am Ende ihres Aufenthalts in der Villa ein eigenes Kunstwerk als Beitrag zu einer bunten, stetig wachsenden Sammlung. Als Non-Profit-Organisation hat es sich die Villa Lena Foundation zur Aufgabe gemacht, Künstler aus aller Welt zu unterstützen und einen multidisziplinären Dialog zu fördern. Gemäß den Grundprinzipien von Austausch und Zusammenarbeit wird auch die Gemeinde eingebunden. Jedes Jahr arbeitet einer der Künstler aktiv mit den Bewohnern aus dem Umland zusammen. Für sein Wandbild *Quest for Knowledge* holte sich etwa der New Yorker Straßenkünstler Chris „Daze" Ellis junge Verstärkung von einer Schulklasse aus Palaia.

DIE KÜNSTLER GEBEN INSPIRIERENDE
WORKSHOPS UND HINTERLASSEN

AM ENDE IHRES AUFENTHALTS IN DER
VILLA EIN EIGENES KUNSTWERK.

VILLA LENA — TOSKANA, ITALIEN

EINIGE ZIMMER FINDEN SICH IN DEN EHEMALIGEN STALLUNGEN DES ANWESENS (OBEN) UND KÖNNEN MIT TERRAKOTTABÖDEN, STEINMAUERN UND GROSSEN FRANZÖSISCHEN FENSTERN AUFWARTEN. LIEBEVOLL ZUSAMMENGESTELLTES MOBILIAR SORGT FÜR EINE HEIMELIGE ATMOSPHÄRE.

Die harmonische Symbiose von Künstlerresidenz, Hotel, Restaurant und Farmgelände zeichnet die Villa Lena besonders aus. So können sich die aufgenommenen Künstler nicht nur im Gemeindeleben, sondern auch auf den Feldern und in den Gärten einbringen. Mit viel Respekt für die Traditionen der Toskana verwaltet Pietro seine Beete nach dem biodynamischen Prinzip. In dem geschlossenen System werden weder hinzugekaufte Samen verwendet noch bleiben Abfälle unverwertet. 75% der Zutaten, die in der Küche der Villa Lena verarbeitet werden, stammen aus eigenem Anbau. Vollkorngetreide, Bohnen, Olivenöl, Nüssen, Obst und Gemüse kommen hier farmfrisch in die Töpfe. Die restlichen 25% – Getränke, handgemachte Pasta und Biofleisch – werden von lokalen Produzenten und familiengeführten Bauernhöfen bezogen. Vom selbst gepressten Olivenöl bis zum eigenen Roséwein stehen ausschließlich toskanische Produkte auf der Speisekarte. Bewundernswert meistern die Eigentümer der Villa Lena den Spagat zwischen Naturschutz und Kunstförderung – und das mit großem Erfolg und hohem Mehrwert für Gäste, Künstler und Mitarbeiter. Die Villa Lena entlässt alle mit einem geweiteten Blick für Sinnhaftigkeit, mehr Respekt für die Natur, einer tieferen Wertschätzung der Langsamkeit – und einer Leidenschaft dafür, mit Kreativität anderen Wissen zu vermitteln und sie zu inspirieren.

Musterbeispiel für Umweltbildung

Vor der Küste von Sansibar hat Sibylle Riedmiller ihre Vision verwirklicht und über die letzten 30 Jahre eine unberührte Insel in ein Meeresschutzgebiet mit Bildungsprogrammen zur Umwelt und Öko-Bungalows verwandelt.

CHUMBE ISLAND

SANSIBAR, TANSANIA

Dass es nicht auf die Größe ankommt, beweist die Insel Chumbe. Die kleine Tropeninsel befindet sich sechs Kilometer westlich von Sansibar. Paradiesisch liegen hier mehrere exklusive Öko-Bungalows zwischen einem Naturschutzgebiet, einem geschützten Korallenriff und einem Korallenwald. Die Idee dafür hatte die ehemalige deutsche Entwicklungshelferin Sibylle Riedmiller. Nach langjährigem Einsatz in anderen Regionen der Welt nahm Riedmiller im Jahr 1991 eine Bildungsberatungsstelle in Sansibar an. Hier „entdeckte" sie die unbewohnte Insel Chumbe und erkannte schnell deren Potenzial als Meeresschutzgebiet (MPA). An der Ostküste der Insel leben 200 Hartkorallenarten und 450 Arten von Rifffischen – eine große Biodiversität, die für die strapazierte Küste Tansanias ungewöhnlich geworden ist.

CHUMBE ISLAND

WIE SCHIFFSWRACKS RAGEN DIE BUNGALOWS AUF CHUMBE ISLAND AUS DEM SAND.
DIE EINFACHEN UNTERKÜNFTE BIETEN EINEN SCHLAFBODEN UND EINEN DARUNTERLIEGENDEN
LOUNGEBEREICH.

ZUM RESORT GEHÖREN EINE HAUPTLODGE UND SIEBEN BUNGALOWS (RECHTS).
MIT IHREN NIEDRIGEN DÄCHERN AUS KIEFERNHOLZ UND PALMBLÄTTERN SCHEINEN DIE
GEBÄUDE MIT IHRER UMGEBUNG ZU VERSCHMELZEN.

„Vielfalt und Form der Korallenriffe waren für unser geplantes Umweltbildungs- und Unterkunftsprogramm geradezu ideal. Gastfreundschaft sollte nicht nur das Geschäftsmodell, sondern auch das Lebenskonzept sein", erklärt Riedmiller, der kürzlich das deutsche Bundesverdienstkreuz verliehen wurde. Diese Auszeichnung erhielt sie ausdrücklich für ihr unermüdliches Engagement zum Erhalt der tansanischen Natur. Der deutsche Botschafter Egon Kochanke würdigte sie als „herausragende Naturschützerin und Aktivistin, die sich für die Umwelt und die natürlichen Ressourcen dieses schönen Landes einsetzt". Bis heute sind die in den Jahren 1998 und 2000 ins Leben gerufenen Ökotourismus- und Umweltprogramme von Riedmiller in ganz Tansania die einzigen regulären und umfangreichen Programme ihrer Art. In den vergangenen 20 Jahren haben fast 7.000 Schüler und über 1.000 Lehrer aus Sansibar am umfassenden Bildungsprogramm auf der Insel teilgenommen. „Es ist unsere Mission, mit geförderten Inselexkursionen den Schulkindern, Lehrern, Fischern, Gemeinden und Regierungsbeamten dieses Landes kostenlose Umweltbildung zu ermöglichen," erläutert Riedmiller. Die Lehrpläne auf Sansibar sehen nämlich kaum Schulausflüge vor. Da nur wenige Schulkinder – vor allem Mädchen – Schwimmen oder Schnorcheln lernen, ist es ihnen außerdem kaum möglich, die Inselnatur und insbesondere die Korallenriffe intensiv zu erkunden. Die Öko-Bungalows und Lodges der Insel unterstützen Riedmillers Vision in jeder Hinsicht. Verantwortlich für das moderne Design zeichnet das Architektentrio George Fiebig, Per Krusche und Jan Hulsemann, das naturfreundliche Unterkünfte mit minimaler Auswirkung auf die Umwelt entworfen hat. Regenwassernutzung, solare Warmwasserbereitung, Komposttoiletten, Sonnenkollektoren und vegetative Abwasserfilterung sorgen für den sauberen Betrieb der Unterkünfte. Als Paradebeispiel für Öko-Architektur greifen die Bungalows die Vision von Sibylle Riedmiller gelungen auf – und setzen den Umweltschutz an alleroberste Stelle.

Kreativität à la Provence

LE COLLATÉRAL

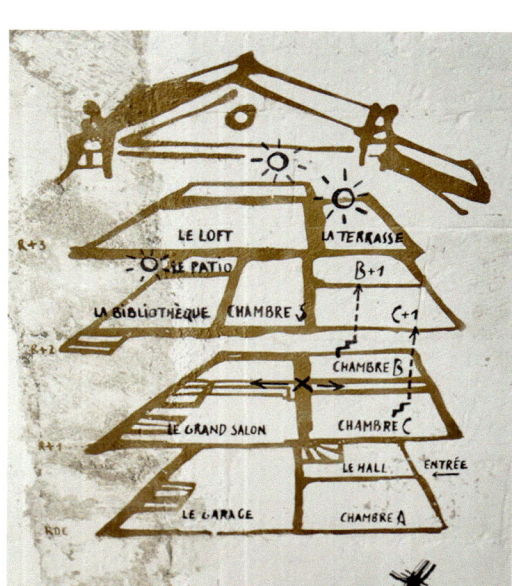

In seinen einladenden Räumen voll inspirierender Kunst sorgt das Le Collatéral für wertvolle Begegnungen und Erinnerungen für die Ewigkeit.

In einer Kirche aus dem 11. Jahrhundert hat das Ehepaar Philippe und Anne-Laurence Schiepan ihren Lebenstraum verwirklicht. Das visionäre Paar kommt ursprünglich aus Paris und zog nach Arles, lange bevor die kleine Stadt zur Trenddestination wurde. Hier eröffneten sie Le Collatéral, wo sie ihre Gäste zu einer kulturellen Reise einladen.

Nach dreijähriger Planung von Philippe Schiepan wurde das Hotel im Jahr 2015 endlich eröffnet. Le Collatéral befindet sich in der ehemaligen Kirche Sainte-Croix, die schon als Tabaklager, Steuerzentrum, Kabarett und Möbelgeschäft diente. Als gelernte Werbefachfrau stand Anne-Laurence dem Designer und Szenografen bei der Entwicklung des Konzepts zur Seite. Sie imaginierte Le Collatéral als „Vermittlung zwischen Gast und Kunst". Ihr Ansatz sei ein emotionaler, sagt das Paar, und erklärt die Wirkung von Kunst in der Hotellerie: „Es ist schwer, Gefühle zu beschreiben. Stille und Ehrfurcht entstehen. Unsere Gäste bezeichnen unser Hotel nicht bloß als ‚großartig' oder ‚wunderbar', sondern erzählen uns, wie sehr sie sich freuen, hier zu sein. Da kommen

PROVENCE, FRANKREICH 175

LE COLLATÉRAL PROVENCE, FRANKREICH

DIE WILDROMANTISCHE CAMARGUE UND DAS STÄDTCHEN ARLES INSPIRIERTEN DIE GELUNGENE FARBGEBUNG DES LE COLLATERAL. NUANCEN VON OCKER, WARMEM GRAU, GOLD UND BLAU GEBEN SALZ, SCHILF, WASSER UND SAND DER WUNDERBAREN UMGEBUNG DE KOLAT V WIEDER.

EINE BEEINDRUCKENDE KUNSTINSTALLATION SCHMÜCKT DIE WAND EINES ÖFFENTLICHEN BEREICHS (VORIGE DOPPELSEITE). JEDES ZIMMER VERWÖHNT SEINE GÄSTE MIT MODERNEM, HANDGEFERTIGTEM MOBILIAR UND EINER BADEWANNE AUS MASSIVEM EICHENHOLZ IM JAPANISCHEN STIL.

Emotionen durch statt einer kritischen Haltung." Wer das Hotel erkundet, bewegt sich von den dunkleren Untergeschossen zu den lichtdurchfluteten oberen Etagen. Die Entdeckungsreise führt langsam von einem Raum zum nächsten. Hinter einer versteckten Tür geht eine imposante eiserne Industrietreppe zu einem großen Salon. Im geräumigen zweiten Stock finden Kunstperformances, Dinners und Konzerte statt. Die Besitzer bringen ihren Gästen die lokale Kulturszene nahe. Je höher man steigt, desto größer werden die Räume: Im oberen Kirchenschiff befinden sich zwei Dachterrassen und ein großer Wohnbereich voller Fotografien und erlesener Designerstücke. Das Irregular Bomb Sofa von Robert Stadler steht hier neben maßgefertigten Sitzgelegenheiten von Lacaton & Vassal, Kunstwerken von Céleste Bourser-Mougenot und Sofas, die auf der Biennale in Venedig präsentiert wurden.

Den beeindruckenden S-Table ließen Rodrick Frei und Emilie Bonaventure aus recycelten Balken fertigen. Der ausladende Baldachin ist eine Installation von Reeve Schumacher, die dafür mit Schilf aus der Camargue arbeitete. Die Schiepans sind begeisterte Kunstsammler und -förderer. Immer wieder empfängt das Paar inspirierende Künstler und Galeristen, die das Hotel auf ihre Weise bereichern. Die handbemalten Servierteller etwa sorgen immer wieder für Unterhaltung. Der Künstler, der sie herstellt, wird von der lokalen Galerie Flair vertreten. Kollaborationen wie diese werden im Le Collatéral nicht geplant, sondern ergeben sich einfach.

Für das Mobiliar aus lauter Unikaten beauftragte Philippe Schiepan lokale Handwerker und Produzenten wie Eco Fabrik. Die Marmorplatte stammt aus den nahe gelegenen Steinbrüchen

DIE BESITZER EMPFANGEN
INSPIRIERENDE KÜNSTLER UND

GALERISTEN, DIE DAS HOTEL AUF
IHRE WEISE BEREICHERN.

LE COLLATÉRAL PROVENCE, FRANKREICH

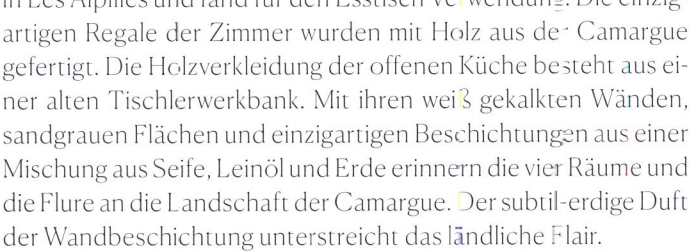

in Les Alpilles und fand für den Esstisch Verwendung. Die einzigartigen Regale der Zimmer wurden mit Holz aus der Camargue gefertigt. Die Holzverkleidung der offenen Küche besteht aus einer alten Tischlerwerkbank. Mit ihren weiß gekalkten Wänden, sandgrauen Flächen und einzigartigen Beschichtungen aus einer Mischung aus Seife, Leinöl und Erde erinnern die vier Räume und die Flure an die Landschaft der Camargue. Der subtil-erdige Duft der Wandbeschichtung unterstreicht das ländliche Flair.

Auf den Frühstückstisch kommen nur lokale Bioprodukte. Auf dem lokalen Markt betreiben Sébastien Apffel und Marie-Pierre Muccio einen Stand und zeichnen für das Frühstück verantwortlich. Es wird auf dem Dach serviert und verwöhnt die Gäste mit lokalem Honig, frischen Backwaren, veganen Köstlichkeiten und frisch gepresstem Saft. An mehreren Wochenenden im Jahr organisieren Philippe und Anne-Laurence Schiepan inspirierende Kunsttage im Le Collatéral. Zu einem vorgegebenen Thema oder Wort – etwa „Extrakt", „Scheibe" oder „Häutung" – lädt das Paar engagierte Köche, Komponisten und Designer ein, den jeweiligen Begriff kreativ zu inszenieren. So erleben Gäste hier synästhetische Performances wie einen Imker, der zur Demonstration seiner Honigschleuder das Summen einer Bienenkönigin einspielt.

QUINTA DA CÔRTE — DOURO-TAL, PORTO, PORTUGAL

Renaissance eines Weinguts

In einer der ältesten Weinregionen der Welt erzählt die Quinta da Côrte die Geschichte eines Hauses, das lokale Traditionen mit einer kunstorientierten Zukunft verbindet.

Die malerische Anfahrt durch das Douro-Tal führt über steile Weinhänge voll knorriger Rebstöcke und kleiner Steinmäuerchen. Dazwischen leuchten die weiß getünchten Mauern altgedienter portugiesischer Weingüter, der sogenannten *quintas*, hervor. Ihre Grenzen markieren seit unzähligen Generationen lange Reihen silbergrüner Olivenbäume, und so ist es auch bei der Quinta da Côrte. Die Zeit scheint hier, in einer der ältesten Portwein- und Weinregionen, stillzustehen.

Der findige Geschäftsmann und Kunstsammler Philippe Austruy kaufte das großzügige Anwesen im Jahr 2012. Seine Vision war ein modernes Weingut mit zwölf dazugehörigen Zimmern. Kein einfaches Projekt, denn das Gut war stark verfallen. Um dem Haus wieder Leben einzuhauchen, engagierte Austruy den gefeierten Innenarchitekten Pierre Yovanovitch, der Erfahrung mit solchen Projekten vorweisen kann und seinem Ruf mehr als gerecht wurde. Die zwölf Zimmer der Pension La Casa verteilen sich auf ein Haupt- und zwei Nebengebäude aus dem 19. Jahrhundert. Mit hellen Pastelltönen von Rosé über Beige bis Hellgelb ließ Yovanovitch die verblasste Geschichte des Hauses auferstehen. Kunsthandwerkliche und landwirtschaftliche Objekte prägen das Interieur: Handgewebte Naturteppiche, cremefarbener Gips, elegant-rustikale Keramik, moderne mattweiße Fliesen und Terrakottaböden ergeben ein stimmiges Bild. Dazu kombiniert Yovanovitch leichtes

182 QUINTA DA CÔRTE — DOURO-TAL, PORTO, PORTUGAL

EINE SCHLICHTE ELEGANZ DURCHZIEHT DAS WEINGUT UND SEINE UNTERKÜNFTE. ZWISCHEN WEISS GETÜNCHTEN GEWÖLBEDECKEN UND CHARAKTERVOLLEN HOLZ- UND STEINBÖDEN DOMINIEREN KLARE LINIEN. DER DURCHDACHTE MIX AUS RUSTIKALEM UND ZEITGENÖSSISCHEM MOBILIAR SORGT FÜR WÄRME UND GEMÜTLICHKEIT.

RUND UM DIE QUINTA DA CÔRTE ERSTRECKT SICH DAS ZAUBERHAFTE DOURO-TAL. GRÜNE TERRASSEN VOLLER REBSTÖCKE UND WEISSE BERGDÖRFER ZEUGEN VON DER LANGEN WEINBAUTRADITION DER REGION.

Rattanmobiliar, dänische Vintage-Mid-Century-Stühle und selbst designte Stücke. Die Künstlerin Armelle Benoist interpretierte die berühmten portugiesischen *azulejos* – glasierte Kacheln – neu und bemalte sie mit modernen Geschichten und Landschaften. Damit gestaltete sie die abstrakten Keramiktische des Hauses. Gelungen greifen hier zurückhaltende Eleganz und der liebevolle Respekt für landwirtschaftliche Traditionen ineinander. Der einzigartige Look ist auffällig, ohne aufdringlich zu sein und verströmt eine warme Nostalgie frei von Klischees. Herzstück des zugehörigen Weinguts ist das Chai, ein dreistöckiges Gebäude aus lokalen Materialien wie Kalkstein, Schiefer, Holz und Beton. Hier befinden sich auch das Lagerhaus und der Shop. Eine majestätische, mit ortstypischen Kacheln verzierte Treppe windet sich zwischen weiß getünchten Rippengewölben nach oben. Gleichzeitig verankert dieses klassische architektonische Element das moderne Gebäude historisch. Warmes Sonnenlicht scheint durch die vielen Fenster und malt zarte Muster an die Wände. Die Gewölbekeller, das Weinlager, das Büro, den Verkostungsraum und den Essbereich gestaltete Yovanovitch mit einfachen, funktionalen Elementen. Sein Interieur lebt von zeitgenössischem Mobiliar, das fast ausschließlich von lokalen Handwerkern sowie von anerkannten französischen Produzenten gefertigt wurde. Zu den

GELUNGEN GREIFEN HIER ZURÜCKHALTENDE ELEGANZ UND DER LIEBEVOLLE

RESPEKT FÜR LANDWIRTSCHAFTLICHE TRADITIONEN INEINANDER.

QUINTA DA CÔRTE   DOURO-TAL, PORTO, PORTUGAL

HERZSTÜCK DER CASA IST DER GROSSE ESSTISCH DIREKT NEBEN DEM GEKACHELTEN KAMIN (LINKS). DIE TISCHPLATTE ZIEREN HANDGEFERTIGTE FLIESEN MIT MOTIVEN AUS DER UMLIEGENDEN LANDSCHAFT.

Meisterstücken gehören der hohe Tisch aus Metall und blauem Beton, die Sofas aus Massivholz und die maßgefertigten Lampenfassungen. Die Hängeleuchte Grapevine aus glänzendem Metall und mundgeblasenem schwarzen Glas veredelt den Speisesaal, die Couchtische sind aus Lavastein gefertigt. Stein prägt die neue Identität der Quinta da Côrte besonders. Die weiß verputzte Fassade wird durch dekorativen Bruchstein ergänzt und findet sich bei den Mauern um den Gemüsegarten und die unzähligen Obstbäume wieder, die den Hof mit Feigen, Kakis, Kirschen, Pflaumen, Birnen und Zitrusfrüchten versorgen.

Mit ihrer gelungenen Interpretation der portugiesischen Kultur der Region beweist die Quinta da Côrte, wie sich moderne Ästhetik stilsicher mit Nachhaltigkeit in Einklang bringen lässt.

BOBBEJAANSKLOOF — WESTKAP, SÜDAFRIKA 187

Diesseits von Afrika

In einem privaten Naturschutzgebiet nimmt das Bobbejaanskloof
seine Gäste mit auf die Reise durch ein zeitloses Afrika.

Direkt an der malerischen Garden Route und nur eine kurze Fahrt von der Plettenberg Bay entfernt liegt das Bobbejaanskloof. Hier schmiegt sich das 150 Hektar große private Naturreservat an die Ausläufer der Tsitsikamma Mountains. Rings um den Gast- und Bauernhof reichen Fynbos-Steppen, alte Wälder und grüne Weiten bis zum Horizont.

Hinter den weiß getünchten Wänden des Bauernhauses verbergen sich acht einladende Schlafzimmer. Das Blechdach, die mahagonigerahmten Fenster und die große *stoep* – eine leicht erhöhte Veranda – zitieren lokale Traditionen. Auf beruhigende Art vermittelt das Haus den Eindruck, als stünde es schon immer da.

Kreativdirektorin Megan de Beyer ist zugleich eine erfolgreiche Psychologin. Sie ist überzeugt, dass ein geerdetes Leben aus dem Zusammenspiel der inneren persönlichen Reise, äußeren Bedingungen und der individuellen Umgebung entsteht. Das mitten in der Natur gelegene Bobbejaanskloof ist für sie „einer der wenigen Orte, wo innere und äußere Welt zu dem Einklang finden, der für Selbstwahrnehmung und inneres Wachstum so wichtig ist".

188 BOBBEJAANSKLOOF   WESTKAP, SÜDAFRIKA

NUR WENIGE BAUTEN FÜGEN SICH IN TON, FARBE UND TEXTUR SO NAHTLOS IN IHRE UMGEBUNG EIN WIE DAS BOBBEJAANSKLOOF. ZWISCHEN ASCHFARBENEN WÄNDEN UND MAHAGONIBALKEN SETZEN WARME GRÜN- UND GELBTÖNE AKZENTE.

NEBEN DER GERÄUMIGEN KÜCHE DES HOFS (GANZ LINKS) LÄDT AUCH DIE TRADITIONELLE BOMA (OBEN) UNTER FREIEM HIMMEL ZUM TAFELN EIN. HIER SITZT MAN AUF STEINBÄNKEN AN EINEM MALERISCH VERWITTERTEN HOLZTISCH.

Das Dekor von Interieur und Veranda ist zeitlos. Sofas, tiefe Sessel, Sturmlaternen und Webteppiche in Kombination mit rauen Dachbalken, Holzdecker und polierten Zementböden in Elefantengrau erzeugen eine angenehme Wärme. Polierte Holzschüsseln, Messinglampen mit Raphia-Schirmen, handgefertigte Glasobjekte und Sessel mit groben Leinenbezügen wirken wie eine gelungene Filmkulisse. Gregory Mellor hat das Haus eingerichtet und spielt bewusst mit Reminiszenzen an die südafrikanische Geschichte: Alte Schränke, Koffertruhen und Himmelbetten wirken wie aus der Zeit der ersten europäischen Siedler gefallen.

Kunsthandwerkstücke wie Körbe und klassische Riempie – geflochtene Stuhlsitzflächen – veredeln das Interieur. Dazu setzt man im Bobbejaanskloof auf zurückhaltende Farben und Naturzitate bei Texturen und Mustern. Im Interieur, das eine Leidenschaft für die Strukturen und Muster der Natur verrät, verschmelzen Drinnen und Draußen. Blumen und Pflanzen – von Schmucklilie über Watsonia bis hin zu Wolfsmilch – umgeben den Garten; das Haus selbst ist voller Topfpflanzen. Die Räume sind mit Wandbildern heimischer Vögel sowie gerahmten Trockenblumen aus dem eigenen Garten dekoriert. Und natürlich gibt es auch eine Terrasse mit atemberaubenden

DIE GROSSE HOLZTERRASSE LÄDT ZUM MEDITIEREN, YOGA PRAKTIZIEREN

UND BESTAUNEN DER RINGSUM WACHSENDEN AFROGELBHÖLZER EIN.

BOBBEJAANSKLOOF WESTKAP, SÜDAFRIKA

AUF DEM *STOEP*, DER DAS HAUS UMGIBT, FINDEN SICH SOFAS, SESSEL, STURMLATERNEN, WEBTEPPICHE UND SOGAR EIN BETT. IN DEN ZIMMERN VERBREITEN HINGEGEN WEBSTOFFE, HOLZ UND WOLLE NATÜRLICHEN KOMFORT.

Blick auf das namensgebende „Kloof" (Tal). Die große Holzterrasse über dem *kloof* (Afrikaans für „Schlucht") lädt zum Meditieren, Yoga praktizieren und Bestaunen der ringsum wachsenden Afrogelbhölzer ein. Umweltschutz ist im Konzept des Bobbejaanskloof tief verankert. Saubere Luft, möglichst wenig künstliche Beleuchtung und viel Ruhe helfen Körper und Geist bei der Regeneration. Das Regenwasser wird gefiltert und vor Ort gesammelt. In der umliegenden Natur lassen sich Eulen, Fischadler, Schwalben und Reiher beobachten. Die weite Aussicht und der Naturpool sorgen für eine starke Verbindung mit dem Land und dem Wechsel der Jahreszeiten. Auf eigens angelegten Rad- und Wanderwegen können Gäste auf eigene Faust das Reservat und die Schlucht erkunden. Das Herz des Hofs ist die Küche. Hier versammeln sich alle Gäste zu ausgedehnter Mittag- und Abendessen um den großen Tisch. Man darf auch gern den hauseigenen Gemüsegarten plündern und mit den gefundenen Schätzen kochen. Die Eigentümer des Bobbejaanskloof haben die fruchtbaren Beete vor 20 Jahren nach biologischen und nachhaltigen Prinzipien angelegt und nutzen weder künstliche Bewässerung noch Pestizide. Auch damit ist das Bobbejaanskloof ein kleines Refugium.

CAPELLA LODGE — NEW SOUTH WALES, AUSTRALIEN

Ökotourismus mit Vorbildfunktion

Die abgelegene Lord-Howe-Insel wurde wegen ihrer bezaubernder Natur und Artenvielfalt zum UNESCO-Weltnaturerbe ernannt.

Zwar hatte James Cook bei seiner zweiten Südpazifik-Expedition im Jahr 1774 die Norfolkinsel entdeckt, die etwas weiter südlich gelegene Lord-Howe-Insel war ihm jedoch entgangen. Als kleines Naturwunder liegt das UNESCO-geschützte Paradies mitten in der Tasmansee zwischen Australien und Neuseeland. Zur einen Seite prägen subtropische Korallenriffe und Palmenhaine das Bild, auf der anderen ragen felsige, kieferbewachsene Landzungen ins Meer. Die Vielfalt der Natur auf der kleinen Insel ist absolut einzigartig und erinnert auf den ersten Blick stark an British Columbia, die Malediven, Korsika oder gar Brasilien.

Schon aus einem der kleinen Flugzeuge, mit denen Besucher zur Insel kommen, lässt sich eine seltene Idylle erahnen. Weiße Sandstrände wechseln sich mit curaçaoblauen Lagunen ab, über denen sich die atemberaubend steilen, saftgrünen Hänge des Mount Gower erheben. Lange von Entdeckern und Siedlern unbemerkt geblieben, tauchte die Lord-Howe-Insel erst 1788 erstmals auf einer Karte auf und blieb bis Ende des 18. Jahrhunderts unbewohnt. Auch heute leben hier nur 350 Menschen. Dank ihrer Isolation ist die Insel ein Vorbild in Sachen Umweltschutz und Biodiversität: Es gibt nur wenige Fahrzeuge und weder

194 CAPELLA LODGE — NEW SOUTH WALES, AUSTRALIEN

VON DEN INNEN- UND AUSSENBEREICHEN DER LODGE BIETET SICH EINE SPEKTAKULÄRE AUSSICHT ÜBER DIE TÜRKISFARBENE LAGUNE, DIE SUBTROPISCHEN WÄLDER, ÜPPIGE GRÜNE WEIDEN UND DIE FERNEN BERGE (UNTEN).

IN DEN NEUN GERÄUMIGEN, LICHTDURCHFLUTETEN SUITEN DER LODGE SORGEN HOLZDIELENBÖDEN UND MASSGEFERTIGTE MÖBEL FÜR ENTSPANNTES, MODERNES STRANDHAUS-FLAIR. EINIGE SUITEN BEZAUBERN MIT EINEM BESONDERS SPEKTAKULÄREN PANORAMA (GANZ UNTEN).

DIE LODGE IST DAS EINZIGE LUXUSHOTEL DER INSEL, DAS BLICKE AUF DEN STRAND, DIE LAGUNE UND DIE BERGE ZU BIETEN HAT. BESCHEIDEN HÄLT SICH DAS DESIGN HINTER DER PARADIESISCHEN UMGEBUNG ZURÜCK: ES ÜBERZEUGT MIT VIEL GLAS UND AUSGEBLICHENEM HOLZ.

Strommasten noch pompöse Ferienhäuser. Plastiktüten sind verboten und inselfremde Pflanzen, die endemische Arten verdrängen könnten, werden mit großem Arbeits- und Kostenaufwand ausgejätet.

Das Ökohotel Capella Lodge fügt sich hier bestens ein. Es blickt über einen idyllischen Strand und beherbergt neun zweistöckige Zimmer, die mit ihrer sonnigen australischen Ästhetik aus gebleichten Holzdielen und entspanntem Surferflair bezaubern. Den Eigentümern war es ein Anliegen, bestmögliche Ausblicke zu bieten und unbedingt die Natur zu respektieren. So treffen sich hier auch Wissenschaftler und Naturforscher bei zahlreichen Konferenzen, um den Erhalt dieses so einzigartigen Ökosystems zu diskutieren. Umweltverschmutzung in Form von Lärm oder Abgasen ist auf der Lord-Howe-Insel quasi nicht existent. Wer von A nach B möchte, nimmt das Fahrrad und fährt durch sanfte Hügel und steppenähnliche Weiten. Die majestätischen Banyanbäume und Kentia-Palmen spenden wohltuenden Schatten. Die Lord-Howe-Insel gilt als Zufluchtsort für seltene Vogelarten. Neben dem Langflügel-Sturmvogel und dem Rotschwanz-Tropikvogel lebt hier auch die endemische flugunfähige Waldralle. In der Zeit des Artensterbens ist die Lord-Howe-Insel damit zu einem leuchtenden Beispiel der Biodiversität geworden. Ein paar Seemeilen weiter südlich ragt die 550 Meter hohe vulkanische Ball's Pyramid wie ein Segel aus der Tasmansee. Auch hier leben zahlreiche gefährdete Vogelarten. „Felsen und Korallen, wie zufällig entdeckt", möchte man den französischen Segler Olivier de Kersauson zitieren, „manchmal besucht, selten bewohnt, oft menschenleer. Hat die Menschheit sie verlassen oder verließen sie die Menschheit?"

Die Lord-Howe-Insel und ihre einzigartige Capella Lodge beweisen einmal mehr, wie essenziell der Erhalt natürlicher Ökosysteme für die Zukunft ist.

Inspirierende Erde

FAZENDA CATUÇABA

Mit experimenteller Ökoarchitektur, Kunst und Landwirtschaft definiert die Fazenda Catuçaba ein neues Naturbewusstsein.

Am Rand des Nationalparks Serra do Mar gelegen, ist die Fazenda Catuçaba nicht nur ein Hotel, sondern auch Umweltbotschafterin. Die Vielfalt der südbrasilianischen Natur zeigt sich hier in ihrer ganzen Stärke und Zerbrechlichkeit. Die ehemalige Plantage aus dem 19. Jahrhundert wurde von dem Franzosen Emmanuel Rengade in ein einzigartiges Luxusresort verwandelt. Der Name ist Programm: *Catuçaba* bedeutet in der lokalen Tupí-Guaraní-Sprache *gutes Land*. So leben Hühner, Kühe, Enten, Pferde und Hunde auf dem weitläufigen Gelände einträchtig zusammen. In der Hotelküche schmoren frische Zutaten aus dem hauseigenen Gemüsegarten, der als Permakultur angelegt ist. Kunst, Design, Architektur und nachhaltige Landwirtschaft definieren in der Fazenda Catuçaba gemeinsam ein neues Umweltbewusstsein.

Die Zimmer des historischen Gebäudes sind mit lokalem Kunsthandwerk und in Brasilien entworfenen Möbeln eingerichtet. Von einem Hügel blickt die „Bambuskathedrale" über das Gelände. Dieses Landschaftsprojekt stammt von den Designern Humberto und Fernando Campana: Ein Ring aus hoch aufragendem Bambus lädt Besucher zum Eintreten ein. In der grünen Stille soll man sich ganz ohne Ablenkung auf die Natur einlassen. So fügen sich auch die Skulpturen von Geneviève Maquinay, die aus recycelten

SAÕ PAULO, BRASILIEN

FAZENDA CATUÇABA

IN FRÖHLICHEM KORNBLUMENBLAU LEUCHTEN DIE HÖLZERNEN FENSTERLÄDEN UND -RAHMEN DER CHARMANT-RUSTIKALEN FAZENDA CATUÇABA. BÖDEN AUS NATURSTEIN ODER RECYCELTEM HOLZ RUNDEN DEN EINLADENDEN LOOK AB.

SÃO PAULO, BRASILIEN

DAS VORBILDLICHE KONZEPT DES HAUSES BEZIEHT DIE LANDSCHAFT RINGSUM AKTIV MIT EIN. GÄSTE SIND HERZLICH DAZU EINGELADEN, DAS WEITLÄUFIGE GRUNDSTÜCK AUF EIGENE FAUST ZU ERKUNDEN UND MIT DER NATUR IN VERBINDUNG ZU TRETEN.

regionalen Materialien entstehen, in die natürliche Umgebung ein. Nach einer prägenden Begegnung mit Marcio Kogan, dem Chefarchitekten von Studio MK27, entwickelte Rengade zudem die einzigartige Initiative Casas na Terra. Inspiriert von Kogans visionärem Entwurfsansatz ließ Rengade zunächst ein umweltfreundliches, modernes Loft an den Hang der Fazenda setzen. Es unterscheidet sich radikal vom historischen Hauptgebäude, schlägt eine optische Brücke in die Gegenwart und ist außerdem eine atemberaubende Aussichtsplattform. Bald wurde direkt daneben ein modernistisches Landhaus gebaut. Stilsicher bringt dieses Projekt moderne Architektur und Umweltbewusstsein zusammen – und zeigt, was eine klare Vision und eine tiefe Liebe zur Natur vermögen. Eine weitere fruchtbare Zusammenarbeit entstand mit dem brasilianisch-uruguayischen Architekturbüro MAPA, das mit seinen „Minimods" hochwertige, umweltfreundliche Fertighäuser herstellt. Als nachhaltige Hotelunterkünfte mit komplett autarker Wasser- und Stromversorgung werten sie die Fazenda Catuçaba gelungen auf. Der nahe Regenwald Mata Atlantica steht als einzigartiges Ökosystem teils unter UNESCO-Weltnaturschutz. Stets betont das Team der Fazenda Catuçaba, wie wichtig sein Erhalt für die Zukunft des gesamten Planeten ist. Vorbildlich wird der im Hotel produzierte Bio- und Restmüll daher vor Ort kompostiert oder recycelt und man propagiert diese Lebensweise. Dazu verwendet die Fazenda Catuçaba ausschließlich biologisch abbaubare Produkte und wiederverwendbare Trinkflaschen. Nicht zuletzt übernimmt sie auch soziale Verantwortung. Die meisten Angestellten kommen aus dem Dorf, wurden im Hotel ausgebildet und erhalten einen überdurchschnittlichen Lohn, was sich positiv auf die gesamte Region auswirkt.

Die Fazenda Catuçaba nimmt mit ihrer Architektur, dem Bildungsanspruch und der Unternehmensführung eine Vorreiterrolle im umweltfreundlichen Tourismus ein. Sie kämpft ganz nebenbei für wachsende kreative und soziale Freiheit.

WARA

Wüstenhotel mit Flair

ATACAMA, CHILE 201

Umgeben von hohen Sanddünen und Riesenkakteen verspricht das versteckt gelegene Wara mit seinen sieben Unterkünften einen Luxusurlaub – und ein nachhaltiges Wüstenabenteuer.

Als kleines, verstecktes Juwel liegt das Wara in der wildromantischen Wüstenregion Copiapó auf halber Strecke zwischen Santiago de Chile und San Pedro de Atacama. Mit seinen sieben Zimmern schmiegt sich das Boutiquehotel in die Ausläufer des Mar de Dunas – wörtlich: Dünenmeer. Der Nationalpark Nevado Tres Cruces und der berühmte Nevado Ojos del Salado, der höchste aktive Vulkan der Welt, sind nur eine kurze Fahrt entfernt. Sein 6.893 Meter hoher Gipfel markiert eindrucksvoll die Grenze zwischen Chile und Argentinien. Eine pittoreske Ziegelmauer umgibt das Anwesen. Am Rande einer Oase wohnen Gäste hier zwischen imposantem Pampasgras und Kakteenwald. Lediglich die gepflegte Vegetation, die Strohdächer, die riesigen Tontöpfe und die alte hölzerne Haustür des Wara lassen hier menschliches Leben vermuten. Wer durch die antike Tür mit graviertem Bleiglas tritt, gelangt in einen zentralen, intimen Innenhof, wo ein stiller Teich, blühende Pflanzen, Johannisbrotbäume und viel Grün ein einladendes Ambiente zaubern. Ringsum liegen die Zimmer und Gemeinschaftsbereiche des Wara. Jeder Winkel verströmt großes Stilbewusstsein, das nicht von ungefähr kommt: Eigentümerin Susana Aránguiz gestaltete schon das Awasi Atacama

202 WARA ATACAMA, CHILE

GROB VERPUTZTE WÄNDE, STROHDÄCHER UND WEBSTOFFE VERLEIHEN DEN ZIMMERN IM WARA IHREN GEMÜTLICH-RUSTIKALEN CHARME (OBEN). IM PRIVATEN GARTEN LÄDT DER VON MAJESTÄTISCHEN KAKTEEN UMGEBENE AUSSENPOOL ZUM SCHWIMMEN UND RELAXEN EIN (RECHTS).

Relais & Chateau in San Pedro Atacama. Den Look teilt sich das Wara mit dem etwas weiter nördlich gelegenen All-Inclusive-Hotel – und doch wirkt es naturverbundener. Mit seiner schlichten, reduzierten Eleganz zeigt sich das Hotel ganz im Einklang mit seiner zerklüfteten Umgebung.

Susana Aránguiz ist Designerin, Architektin, Baumeisterin, Landschaftsgestalterin und Managerin des Wara in einem. Ihr Interieur verbindet bunte, in der Region gewebte Teppiche auf schlichten Betonböden mit verputzten Ziegelwänden und gedämpftem Licht. Auch das lokale Sortiment der Boutique am Eingang hat Susana Aránguiz sorgfältig kuratiert. In den Regalen bieten sich handgefertigte Zauberpüppchen, kunstvolle Webteppiche, Schmuck und Vintage-Schätze als ganz besondere Souvenirs an. Im Zentrum des Gemeinschaftsbereichs liegt der große Speisesaal mit offenem Kamin, wo traditionell gemeinsam gegessen und damit ein Stück südamerikanische Kultur lebendig gehalten wird. Neben den großen Mahagonitischen laden gemütliche Lounge-Bereiche zum Lesen oder Plaudern ein. Die servierten Seeohren, Jakobsmuscheln und Austern kommen fangfrisch von der nur dreißig Minuten entfernten Pazifikküste.

Aránguiz liebt das Besondere. Gemeinsam mit der örtlichen Gemeinde bietet sie einzigartige Abenteuer an. Beim Ausflug in die versteckten Ecken von Bahia Inglesa locken weißer Sand und türkisfarbenes Wasser. Im Mar de Dunas wird romantisch gepicknickt, und die Tour durch das Tal, das bis zu den Ausläufern der Anden mit ihren hellgrünen Weinbergen reicht, verspricht malerische Ausblicke. Besonders spektakulär ist die Wanderung zu einem Gipfel der umliegenden Viertausender – inklusive Übernachtung in einer abgelegenen Luxushütte und wilden Flamingos in der benachbarten Lagune.

Leben auf der Welle

NALU NOSARA

Im Nalu Nosara verbinden sich Yoga, nachhaltige Architektur und das ruhige Dschungelleben zu einem stimmigen Konzept.

Nalu Nosara erzählt eine Geschichte vom Ankommen. In der tropischen Landschaft von Nosara, Costa Rica gründete das New Yorker Paar Nomel und Mariya Libid dieses luxuriöse und umweltfreundliche Villenresort – und erfüllte sich damit einen Lebenstraum. Nach schnelllebigen Jahren im Big Apple, wo sie zwei Kinder großgezogen haben, machten sie einen radikalen Cut, um gesünder zu leben, sich wohler zu fühlen – und zu Surfen. Das hawaiianische Wort *nalu* bedeutet „Welle", aber auch „im Fluss des Lebens sein". „Für uns ist *nalu* eng verwandt mit dem Prinzip des lokalen *pura vida*, was so viel bedeutet wie ein Leben voller Optimismus zu leben", erklären die Libids. Für das Resort wurde der weltbekannte Architekt Benjamin Garcia Saxe beauftragt. Es entstand eine Oase der Achtsamkeit, die Raum für innere Neuorientierung und die Besinnung auf das Wesentliche schafft.

Für das Boutiquehotel mit angeschlossenem Yogastudio entwarf Saxe ein raffiniertes Baukonzept, das Nachhaltigkeit, moderne Ästhetik und lokale Handwerkskunst verbindet und die umgebende Natur miteinbezieht. Der Clou: Statt eines monolithischen Hotelblocks stellte der Architekt viele kleine Pavillons zwischen die Bäume, was für Privatsphäre sorgt. Der Blick fällt ins satte, tropische Grün. Großzügige Holzdächer aus recycelten Teakplanken schützen vor der starken Äquatorsonne. Jeder

GUANACASTE, COSTA RICA 205

NALU NOSARA

JEDE VILLA BESTEHT AUS MEHREREN MITEINANDER VERZAHNTEN WÜRFELN, DIE FLACHE HOLZDÄCHER ÜBERSPANNEN. DURCH DIE BANDFENSTER DIREKT UNTER DEN DÄCHERN FÄLLT HELLES TAGESLICHT INS INNERE DER VILLEN.

Pavillon bildet dabei ein kleines energieökonomisches Kunstwerk. Das beginnt schon bei der Ausrichtung, die Sonnen- und Windenergie für die stromsparende LED-Beleuchtung, die Wassererwärmung und die Gewinnung von Trinkwasser geschickt auszunutzen weiß. Dank der Trinkwasserfilterung gibt es im Nalu keine Plastikflaschen. Für die Bewässerung der üppigen Vegetation nutzt man aufbereitetes Abwasser. Saxes Konzept ist durch und durch aufgegangen. Mit seiner zurückhaltenden, zeitgemäßen Architektur und der harmonischen Einbettung in die Natur erfüllt das Nalu höchste Ansprüche. In seinen Projekten priorisiert der Architekt stets Lösungen, die die lokale Tradition, Natur und Kultur von Costa Rica respektieren. Das gilt für tropische Resorts ebenso wie für urbane Betonpaläste.

Etwas abseits der Pavillons hat das Nalu Nosara noch etwas ganz Besonderes zu bieten: In einem Open-Air-Fitnessstudio mitten im Dschungel kann man sich beim Yoga oder beim Workout jederzeit ein Stück Wellness in den Alltag holen. Das große Kursangebot reicht von Muay Thai, Kickboxen, Jazz- und Hip-Hop-Dance bis zu Yin Yoga, Restorative Yoga, Vinyasa Flow und Kid Karate für die Kleinen. Der Mix aus brillanter Architektur, gelebtem Naturschutz und Wellness macht das Nalu Nosara zum natürlichen Kraftort.

THE DREAMCATCHER SAN JUAN, PUERTO RICO

Ein Zuhause in der Fremde

Das Dreamcatcher erinnert mit ausgesuchtem Vintage-Mobiliar an das Erbe der Insel und schafft mit seinem vegetarischen Gastrokonzept eine kleine Heimat.

Bezaubernd spiegelt The Dreamcatcher das Leben und die Überzeugungen seiner Besitzerin Sylvia de Marco wider. Nur eine Querstraße vom Meer entfernt liegt das einzigartige Hotel im Herzen von San Juan auf Puerto Rico. Seine neun Zimmer und drei Suiten sind ganz individuell gestaltet. Die Zimmer mit den passenden Namen Poet, Yogi und Bohemian wirken wie einem Filmset entsprungen. Die Suite Tropicana holt die paradiesische Inselnatur ins Haus. Als Sylvia de Marco nach 15 Auslandsjahren in ihre Heimat zurückkehrte, war sie eine der ersten im aufstrebenden Viertel an der legendären Calle Loíza. Mit der Eröffnung des The Dreamcatcher im Jahr 2012 wollte sie ihre puertoricanischen Wurzeln wiederfinden – und auch die Erinnerungen an ihre vielen neuen Heimaten bewahren. „Schon meine erste eigene Wohnung habe ich als kleine Oase gestaltet. Ich habe immer noch Bücher, Vorhänge und Möbel aus meinem kleinen Haus in Sarasota, wo ich studiert habe. Danach bin ich noch an die 25 Mal umgezogen. Jedes neue Zuhause war wie ein weißes Blatt Papier, das ich mit Memorabilien gefüllt habe, die ich im Laufe der Jahre gesammelt hatte", erklärt die Eigentümerin.

THE DREAMCATCHER

DIE HÄNGEMATTEN UND SESSEL DIESES TIEFENENTSPANNTEN HOTELS LADEN ZUM TRÄUMEN EIN. VIELE ZIMMER VERFÜGEN ÜBER EINEN EIGENEN TERRASSENBEREICH. VIEL LEBENDIGES GRÜN VERWISCHT DIE GRENZEN ZWISCHEN INNEN UND AUSSEN.

Heute stehen im Dreamcatcher die schlichten, schönen Vintage-Möbel ihrer Großmutter zwischen Hängematten, Pflanzen und Buddhastatuen. Räucherstäbchen, das leise Plätschern eines Brunnens und ferne Meditationsklänge machen das Hotel zu einem besonderen, spirituellen Ort. Alles ist auf Entspannung und Wohlbefinden ausgerichtet, und täglich werden Meditation, Massagen und Yogakurse offeriert. Das verlockende Angebot ergänzen Mondscheinyoga und Regenwaldwanderungen.

Als einziges vegetarisches Hotel in San Juan arbeitet das Dreamcatcher mit Küchenchef Jerome Valencia zusammen, der ausschließlich mit regionalen Biozutaten kocht. Er stellt eigene Säfte und Hanfmilch her und fermentiert sogar diverse Sorten Kombucha selbst. Zu seinen modern interpretierten lokalen Gerichten gehört Kürbisporridge mit Papaya und Nüssen oder Rührei auf Portobellopilzen mit Spinat, Käse und Guavensalsa. In den beiden Küchen darf gern selbst gekocht werden – natürlich fleischfrei. Besonders Langzeitreisende wissen dieses Stückchen Zuhause zu schätzen.

Ihr Verständnis von Gastfreundschaft definiert de Marco in diesen herzerwärmenden Worten: „Von meiner Mutter und Großmutter habe ich vor allem gelernt, wie wichtig es ist, einen besonderen Ort für Familie, Freunde und sich selbst zu schaffen. Ein echtes Zuhause steckt voller Schönheit und Erinnerungen. Es ist ein lebendiger Ort, der Geschichten erzählt, wie es meine Mitbringsel tun. Mein Zuhause ist ein Zufluchtsort für die besonderen Menschen in meinem Leben."

Insel der Zukunft

SONG SAA PRIVATE ISLAND

Das nachhaltige Song Saa Private Island spiegelt die Schönheit der Küste, des Dschungels und der unberührten Strände Kambodschas wider.

Als privates Inselresort erstreckt sich Song Saa über zwei Inseln des abgelegenen Koh-Rong-Archipels. Nachhaltiger Luxus trifft hier auf tief verwurzelten Naturschutz. Die Villen liegen im Dschungel verstreut oder schweben auf Stelzen in der Brandung; ein sonnengebleichter Holzsteg führt zu einem Restaurant im Wasser. Ringsum liegt ein 100 Hektar großes Meeres- und Naturschutzgebiet, an dessen Gründung das Song Saa aktiv beteiligt war. Das Resort besteht zu 100% aus recyceltem Holz und Materialien vom Festland. Design und Architektur sind auf Nachhaltigkeit ausgerichtet. Strohgedeckte Dächer, Himmelbetten mit Vorhängen aus Naturleinen, Upcycling-Dekor und restauriertes Mobiliar machen jede Villa zum ganz besonderen Rückzugsort. Alte Ölfässer wurden zu kreativen Leuchten umfunktioniert, Tische und Bänke bestehen aus charaktervollem Treibholz. Melita Hunter ist die Mitgründerin und Kreativdirektorin von Song Saa und hat am Konzept maßgebend mitgewirkt. Sie ließ Holz von alten Fischerbooten oder Werften sammeln und beauftragte lokale Fischer, brauchbares Treibholz von den Stränden der Nachbarinseln mitzubringen. Daraus entstanden Terrassen, Fußböden und dekorative Balken. Die Tischplatten wurden hingegen aus hundert Jahre alten kambodschanischen Betten gefertigt. „Über Wochen haben wir unser eigenes großes Fischerboot ausgeschickt und hatten großes

214 SONG SAA PRIVATE ISLAND — KAMBODSCHA

DIE FASZINATION DES SONG SAA ISLAND LIEGT IN DER NATURBELASSENEN, SCHLICHTEN SCHÖNHEIT SEINER INSELWELT. HIGHLIGHTS EINES ENTSPANNTEN ALLTAGS SIND DAS ESSEN IM FREIEN UND DIE BESUCHE LOKALER HANDWERKER.

DIE FARBE VON SONG SAA ISLAND IST DEFINITIV EIN LEUCHTENDES AZURBLAU. VOM KLAREN MEER ÜBER DIE PRIVATEN POOLS DER SONNENTERRASSEN UND SOGAR BIS ZUR ABBLÄTTERNDEN FARBE AUF RECYCELTEM HOLZ FINDET SICH DER STRAHLENDE TON ÜBERALL.

Glück: Wir fanden unter anderem Holz von uralten Bäumen, aus dem wir schöne Säulen, Waschtische, Skulpturen, Hocker, Tische, Bilderrahmen und vieles mehr gefertigt haben", erzählt Melita Hunter. Um die umliegende Natur zu schützen, wurden vor dem Bau alle Bäume auf dem Gelände sorgfältig vermessen. Die Gebäude des Song Saa wurden exakt zwischen die Bäume gesetzt, sodass kein einziger gefällt werden musste. Zu den Highlights des Song Saa gehören auch seine hervorragend erhaltenen, einzigartigen Korallenriffe. Beim Schnorcheln haben Gäste hier die seltene Möglichkeit, ein intaktes Unterwasserparadies zu erleben – und mit etwas Glück ein paar Seepferdchen zu sichten. Kajakfahren unter den schattigen Mangroven wird in Begleitung des hauseigenen Meeresbiologen zur kleinen Lehrstunde, und nachts sorgt Biolumineszenz für faszinierendes Meeresleuchten. Mit dem Resort wurde auch das Song Saa Collective ins Leben gerufen, das profitables modernes Business mit ethischen Grundsätzen verbindet. Auf 200 Hektar entsteht derzeit ein Bioreservat mit dem Anspruch, die ökologische und kulturelle Vielfalt zu erhalten. Ein Solarprojekt soll zudem in Zukunft abgelegene Gemeinden mit Strom versorgen. Dazu entstehen in Zusammenarbeit mit lokalen Webern und Kunsthandwerkern ethische Textilien und Keramiken, die Einheimische wie Touristen gern erwerben.

PLANET VOR PROFIT

„Für langfristige Nachhaltigkeit muss die Wirtschaft miteinbezogen werden", erklärt William Kriegel, Gründer von Haras de la Cense. Das Gestüt und Reitcenter liegt etwas außerhalb von Paris und arbeitet eng mit dem Hotel Le Barn zusammen. Auch die Hotelbranche fokussiert angesichts des Klimawandels und der fortschreitenden Umweltzerstörung vermehrt auf Nachhaltigkeit. Viele Hotels verpflichten sich freiwillig zu verantwortungsbewussten, umweltfreundlichen Praktiken. Gleichzeitig bedrohen gerade Nah- und Fernreisen und die damit verbundenen CO_2-Emissionen das sprichwörtliche Überleben unseres Planeten. Studien belegen, dass die Tourismusbranche weltweit für 8% der Treibhausgasemissionen verantwortlich ist und wesentlich zum Klimawandel und zur Versauerung der Ozeane beiträgt.

Kriegel gehört zur wachsenden Zahl von Vordenkern in der Hotellerie, die der Ansicht sind, dass pure Gewinnoptimierung auf dem Rücken von Mensch und Natur nicht mehr vertretbar ist. „Es braucht langfristig angelegte und landwirtschaftliche Praktiken nach dem Kreislaufprinzip, die ein starkes wirtschaftliches Fundament bilden", erklärt er. „Ich habe im Lauf der Jahre gelernt, dass neue Werte und Ideologien nur dann zur Anwendung kommen können, wenn sie profitabel sind." Angesichts der drohenden Klimakatastrophe sind solche ethischen Geschäftsmodelle womöglich der einzige zukunftsweisende Weg.

Auch Wilderness Safaris haben sich den Erhalt unseres Planeten auf die Fahnen geschrieben. Mit 48 Luxuscamps in sieben afrikanischen Ländern trägt das Unternehmen zum Schutz von tausenden Hektar unberührter Natur in acht unterschiedlichen Ökosystemen bei. Die Gründer Colin Bell und Chris McIntyre sind stolz auf ihr nachhaltiges Konzept: „In unserer Branche haben wir zweifellos die größten positiven Auswirkungen auf den Schutz von Natur und ländlichen Gemeinden." Auf beeindruckenden 2,3 Millionen Hektar leben unter anderem 39 Arten aus den drei Kategorien der am stärksten bedrohten Arten der Roten Liste der Weltnaturschutzunion IUCN. Darüber hinaus betreiben Wilderness Safaris 44 Forschungsprojekte, die den Klimawandel, bedrohte Arten und neue Umweltbedrohungen zum Thema haben. Übergeordnetes Ziel ist „sicherzustellen, dass Öko-Tourismus das Konzept der ersten Wahl bleibt. Er muss die attraktivere Alternative zu weniger nachhaltigen Industrien wie Bergbau, Monokultur oder Wasserkraftwerken sein." Ein Unternehmen, das profitabel, ethisch und verantwortungsbewusst zugleich wirtschaftet, kann zum Vorbild für ähnliche Unternehmen auf der ganzen Welt werden.

DOUG TOMPKINS' EINSATZ FÜR DEN INTENSIVEN SCHUTZ WEITER GEBIETE IN CHILE HAT ZUR GRÜNDUNG VON FÜNF NATIONALPARKS IN PATAGONIEN UND DER ERWEITERUNG DREI WEITERER PARKS BEIGETRAGEN.

PLANET VOR PROFIT

LE BARN LIEGT IM FORÊT DE RAMBOUILLET ETWAS SÜDLICH VON PARIS. VIELE ORIGINALE ELEMENTE DES EHEMALIGEN REITERHOFS WURDEN VON DEN EIGENTÜMERN ERHALTEN. BIS HEUTE GEHÖREN ZUDEM AUSRITTE DURCH DEN WALD ZUM FREIZEITANGEBOT DES HAUSES.

Ein gutes Beispiel sind Rory und Melita Hunter, die das Ökoresort Song Saa auf einer Privatinsel vor Kambodscha betreiben. Das Paar, das aus der Unternehmens- und Nachhaltigkeitsbranche kommt, entwickelte ein erfolgreiches Geschäftsmodell, das Naturschutz und Luxustourismus miteinander kombiniert und gleichzeitig zum Erhalt der Artenvielfalt des Koh-Rong-Archipels beiträgt. Materialien, Bautechniken und Betriebsform wurden mit größter Sorgfalt gewählt. Das eigens gegründete Song Saa Collective schützt außerdem ein knapp 200 Hektar großes Meeresgebiet und erhält damit die kostbaren Korallenriffe der Region.

Auch der US-amerikanische Unternehmer, Naturschützer und Philanthrop Douglas Tompkins kämpfte mit ganzem Herzen für die Rettung unserer Erde. Der Gründer der Sportbekleidungsmarke The North Face investierte sein Vermögen in die eigens gegründete Foundation for Deep Ecology. Über die Jahre kaufte er knapp 900.000 Hektar Wildnis in Chile und Argentinien und verwandelte sie in private Nationalparks. Er vergab Stipendien über seine Stiftungen und veröffentlichte mehrere Aktivistenbücher zu umweltphilosophischen Themen. „Wenn Sie kein Aktivist sind, dann sind Sie ein Inaktivist!", pflegte er zu sagen. Er und seine Frau Kristine McDivitt Tompkins lebten inmitten der weiten Wiesen, der abwechslungsreichen Landschaften und der reichen Natur Südamerikas, die sie durch ihre unzähligen Naturschutzinitiativen zu schützen suchten.

Vor 25 Jahren sagte das Paar den Zusammenbruch der Wirtschaft und die Auswirkungen des Klimawandels voraus. Doug Tompkins starb im Jahr 2015 bei einer Kajakfahrt durch die Landschaft, die er liebte und beschützte. Kris Tompkins ist heute Präsidentin und CEO von Tompkins Conservation. „Wir brauchen einen neuen Umgang mit Wohlstand. Wer mehr verdient, sollte auch mehr geben", sagt sie „Das ist eine Frage der Ethik. Und sinnvolles Investment ist nicht einfach. Doch wenn jeder Finanzier dieselbe Energie, die er sonst für Strategien zum Geldverdienen aufwendet, in den Umweltschutz investieren würde, wären wir schon einen großen Schritt weiter. Und die Rendite wäre unendlich lohnenswert." Der Parque Patagonia ist eines der größten Vermächtnisse von Tompkins. Bis heute wird das private Naturschutzgebiet als öffentlich zugänglicher Park betrieben. Dabei dient der Park als Modell für den gelungenen Erhalt und Wiederaufbau von Natur und Wildtierbestand und zeigt gleichzeitig, wie nachhaltige Landwirtschaft und wirtschaftliche Perspektiven für die lokale Bevölkerung miteinander vereinbar sind.

Die Dichterin Mary Oliver fragte: „Sag mir, was hast du mit deinem einen wilden und kostbaren Leben vor?" Doug Tompkins glaubte, dass der Mensch, wenn er genug Zeit in der freien Natur verbringt, eine tiefe Liebe zu ihr entwickelt. Die engagierten Hoteliers in *Bon Voyage* bringen ihren Gästen genau diese Liebe zu unserem Planeten nahe und schützen im gleichen Zug ihre lokalen Gemeinden und die umliegende Natur. In einer Zeit der bisher größten Bedrohung der Erde ist das ein wahrlich gut verbrachtes wildes Leben.

Geliebte Einsamkeit

Die Deplar Farm von Eleven Experience liegt in einer alten Schäferei inmitten der verzauberten Natur Islands.

DEPLAR FARM

TROLL PENINSULA, ISLAND

Es gibt kaum einen abgelegeneren Ort auf der Welt als das Fljót-Tal auf der bergigen Halbinsel Troll im Norden Islands. Diese Einsamkeit hat durchaus ihre Vorzüge. Auf dem Gelände einer ehemaligen Schäferei aus dem 18. Jahrhundert liegt hier als zauberhaftes Refugium für Naturliebhaber die Deplar Farm. Rundum erstrecken sich schneebedeckte Berge und smaragdgrüne Weiden.

Eleven Experiences kauften den Hof zusammen mit seinen über 1.000 Hektar Land. An der Zufahrt steht noch immer der kurze rote Pfosten mit dem alten Farmschild samt schwarzgemalten Lettern auf cremeweißem Grund. Dahinter erinnert jedoch wenig an die ehemalige Schäferei: Der Veranstalter von Abenteuerreisen hat den Hof in eine rustikale Luxus-Lodge für Skifahrer, Fischer und Walbeobachter verwandelt. Mit ihrer schwarzer Holzverkleidung

222 DEPLAR FARM — TROLL PENINSULA, ISLAND

DIE UMGEBUNG DER ABGELEGENEN DEPLAR FARM IST SO RAU WIE BEZAUBERND. DIE ANGEBOTENEN AKTIVITÄTEN REICHEN VON SKIFAHREN UND SNOWBOARDEN IM WINTER BIS ZU LACHSFISCHEN, KAJAKFAHREN ODER WANDERN IM SOMMER UND WECKEN ABENTEUERLUST.

MIT IHREN WEICHEN TEXTILIEN UND MÖBELN IN NORDISCHEN PASTELLFARBEN STRAHLEN DIE GÄSTEZIMMER PUREN KOMFORT AUS (UNTEN MITTE). IN EINIGEN ZIMMERN SORGT EIN KAMIN FÜR KUSCHELIGES FLAIR (RECHTS UNTEN).

und den grasbewachsenen Dächern fügen sich die Gebäude der Deplar Farm perfekt in die atemberaubende Landschaft ein. Auch der geothermisch beheizte Innen- und Außenpool spiegelt die Umgebung wider. Zwischen Lodge und Tal scheint es keine festen Grenzen zu geben. In den Zimmern sorgen deckenhohe Fenster für eine sensationelle Aussicht.

Jedes Detail der Deplar Farm verkörpert die eigene Philosophie von Eleven Experience. Der US-amerikanische Besitzer Chad Pike erklärt: „Wir bei Eleven sind überzeugt, dass man beim Reisen weder auf Komfort noch auf Umweltschutz verzichten muss. Unsere Destinationen liegen in den atemberaubendsten Landschaften der Welt, die sich bestens für einzigartige Abenteuer anbieten. Dafür suchte unser Team auf der ganzen Welt nach versteckten Orten, die der Natur und der Bevölkerung gleichermaßen verbunden sind." Dieselbe Idee steht hinter der GCF, der Grassy Creek Foundation, die der Gründer von Eleven Experiences im Jahr 2011 als private Familienstiftung ins Leben rief. Die Stiftung unterstützt aktiv verschiedene Umweltschutzorganisationen, setzt sich für nachhaltiges Ressourcenmanagement ein und ist Partner der National Fish and Wildlife Foundation und der International Atlantic Salmon Foundation. Auf regionaler Basis fördert die GCF kleinere Naturschutzverbände wie die Gasparilla Island Conservation und die Improvement Association in Boca Grande sowie den Bonefish and Tarpon Trust in den Florida Keys. Lokale Gemeinden profitieren durch direkte gemeinnützige Angebote wie Müllbeseitigung in der Natur, Umweltarbeit und Bildung. Dazu gehört auch das Bewahren einzigartiger Traditionen: Die Troll-Halbinsel gilt als Wiege der isländischen Reitkunst. So ist die Deplar Farm heute Partner der Pferdefarm Langhús. Deren leidenschaftliche Besitzer Arnþrúður „Lukka" Heimisdóttir und Þorákur „Láki" Sigurbjörnsson züchten und trainieren Pferde, führen eine Reitschule und bieten Ausritte über die Halbinsel an. Nebenbei betreibt Láki eine Milchfarm und Lukka unterrichtet die sieben Schüler der örtlichen Grundschule. Es sind naturverbundene Orte wie dieser, die Eleven Experience zurecht als schützens- und lebenswert betrachtet.

VENTANA BIG SUR
California Dreaming

Zwischen Redwoods und grünen Weiten verbindet das Ventana Big Sur nachhaltigen Luxus mit Bioinitiativen, Wellness, Kunst und Kultur.

Schon vor 40 Jahren bezauberte das einstige Ventana Inn mit seinen modernen Zedernholzhäuschen, die zwischen Wiesen, Bächen und riesigen Redwoods über das 65 Hektar große Hotelgelände verteilt liegen, seine Gäste. Rehe, Kaninchen, Luchse und sogar Berglöwen streifen über das naturbelassene Areal. Als das von Filmproduzent Lawrence Spector initiierte Projekt nach aufregenden Jahren 2017 wegen eines riesigen Erdrutsches geschlossen werden musste, wurde die Hotelmanagement-Gesellschaft Alila Hotels and Resorts auf das Ventana Inn aufmerksam – und führte es nach dem Kauf behutsam modernisiert in die Zukunft.

Nachhaltigkeit und Wellness sind in der DNA von Ventana als auch Alila tief verankert. So hatte man über die Jahre im Hotel etwa bereits ein energieeffizientes Beleuchtungs- und ein Recyclingkonzept eingeführt. Alila baute diese Idee vom nachhaltigen Tourismus weiter aus. Nachhaltigkeit ist hier eine Lebenseinstellung, die das Hotel zum Inbegriff eines umweltfreundlichen kalifornischen Resorts machte. Es nutzt aufbereitetes Abwasser zur Bewässerung, investiert in Mobiliar aus von selbst gefallenen Redwoods und hat das gesamte Hotelgelände bewusst mit dürreresistenten und großteils einheimischen Pflanzen gestaltet. Die hauseigenen Umweltinitiativen (dank derer selbst Altöl weiterverarbeitet wird) haben hier hohe Priorität. Über 40 Mitarbeiter – und damit ein Großteil – leben vor Ort. Sie profitieren neben emissionsfreien, da kürzeren Arbeitswegen von mehr Freizeit und Lebensqualität. Das Team kocht mit Zutaten aus dem hauseigenen Biogemüsegarten und anderen saisonalen Leckereien aus der Region. Als Mitglied des Seafood Watch Program des Monterey Bay Aquarium folgt das Hotel strengen Richtlinien zu Meeresfrüchten, die nur aus nachhaltigen Quellen stammen. Küchenchef Paul Corsentino arbeitet

226 VENTANA BIG SUR

KALIFORNIEN, USA

DIE ZIMMER UND SUITEN LIEGEN IN KLEINEN GRÜPPCHEN AUF DEM 65 HEKTAR GROSSEN GELÄNDE DES VENTANA VERTEILT. WEITE WIESEN UND MAJESTÄTISCHE REDWOODS PRÄGEN DIE UMGEBUNG. HIER WECHSELN ENTSPANNTE ABGESCHIEDENHEIT UND GEMEINSAME ESSEN UNTER FREIEM HIMMEL EINANDER GELUNGEN AB.

DAS VENTANA BIG SUR ZÄHLT ZU DEN WENIGEN ORTEN, DIE EINEN AUTHENTISCHEN AUFENTHALT IN EINER SEIT JAHRTAUSENDEN UNBERÜHRTEN LANDSCHAFT VERSPRECHEN. GIGANTISCHE REDWOOD-WÄLDER SÄUMEN HIER DIE KALIFORNISCHE KÜSTE (SEITE 225 UND GANZ UNTEN).

DAS SCHROFF-ROMANTISCHE BERGPANORAMA VON BIG SUR, DEM ANGEBLICH LÄNGSTEN UND LANDSCHAFTLICH REIZVOLLSTEN KÜSTENABSCHNITT DER USA, IST KAUM ZU ÜBERBIETEN (OBEN UND FOLGENDE DOPPELSEITE).

eng mit einheimischen Fischern zusammen, die das Ventana Big Sur mit lokalen Austern aus Morro Bay, Seeohren aus Monterey Bay und Muscheln aus Penn Cove versorgen. Im Weinkeller zeigt sich die Vielfalt Kaliforniens in 10.000 ausgesuchten Flaschen.

Für das neue Interieur wurde das Brayton Hughes Design Studio aus San Francisco beauftragt. Die 59 Zimmer und die Gemeinschaftsbereiche sind nun in hellen Erdtönen gehalten. Dazu kombinierten die Designer helle Holzdielen und Schieferfliesen. Von der erweiterten Terrasse fällt der Blick aufs Meer, wo man mit etwas Glück kalifornische Grauwale sichten kann. Der ehemalige Parkplatz ist heute eine blühende Wiese; zudem zeigt die neue kleine Kunstgalerie – stilvoll in einem Schiffscontainer untergebracht – die Werke lokaler Künstler und Kunsthandwerker. Der Grundgedanke der umfassenden Modernisierung war eine enge Verbindung zur Natur. In einer Schlucht unterhalb des Resorts laden 15 Leinenzelte zum umittelbaren Eintauchen in den Wald ein, dessen Redwoods majestätisch in den kalifornischen Himmel ragen. Den „Glampern" stehen dort ein hübsches Badehaus und teakholzverkleidete Duschen zur Verfügung. Auch über Kunst kommt man hier der Natur näher: Beim „Charcoal Drawing in Nature" zeigt die Künstlerin Terese Garcia den Gästen, wie sich diese seltenen, uralten Baumriesen am schönsten skizzieren lassen. Die zum Zeichnen verwendete Holzkohle stammt – wie könnte es anders sein! – ebenfalls von Bäumen. Bei einer neuroakustischen Meditationsstunde kommen dagegen Körper und Geist zur Ruhe, und so kann man die eindrucksvolle Umgebung des Ventana Big Sur besonders intensiv auf sich wirken lassen. Dies ist einer der letzten unberührten Küstenstreifen Kaliforniens. Er bietet vielen geschützten Tierarten sichere Zuflucht. Je nach Saison lassen sich hier etwa gefährdete kalifornische Kondore, seltene Seeotter und mächtige Seeelefanten beobachten. Und wer besonders Glück hat, sichtet am Horizont auch mal eine Gruppe majestätischer Buckelwale.

VENTANA BIG SUR, *KALIFORNIEN, USA*

Im Land der Schiffswracks

Mit ihrer einzigartigen Architektur zitiert die Shipwreck Lodge die geheimnisvollen Schiffswracks an der namibischen Skelettküste – und setzt sich aktiv für den Schutz stark gefährdeter wild lebender Tierarten ein.

SHIPWRECK LODGE

KUNENE, NAMIBIA

Die namibische Skelettküste gehört zu den entlegensten Orten der Welt. Unvorhersehbare Wetterumschwünge, eine raue Brandung und die sich ständig verändernde Küstenlinie haben ihr einen berüchtigten Ruf eingebracht. Im Jahr 1971 wurde der fast ein Drittel der Nordküste Namibias umfassende Skeleton Coast Park zum Naturschutzgebiet erklärt. Vom Flussufer des Kunene bis zum Ugab erstreckt sich das wichtige Schutzgebiet über gut 16.800 Quadratkilometer. Um die Skelettküste ranken sich Legenden von tragischen Schiffsbrüchen, waghalsigen Rettungsaktionen und tapferen Überlebenden. Unzählige Wracks ragen aus den umliegenden Dünen und erzählen von verhängnisvollen Schicksalen. Dichter Nebel, heftige Winde und der starke Benguelastrom machen die Küste zu einer gefährlichen Herausforderung für Seefahrer. Seit Jahrhunderten laufen hier Schiffe

232 SHIPWRECK LODGE
KUNENE, NAMIBIA

VON DEN ZEHN HÄUSCHEN DER SHIPWRECK LODGE SIND ZWEI FAMILIENGEEIGNET (UNTEN), WÄHREND DIE RESTLICHEN ACHT FÜR PAARE KONZIPIERT SIND (SEITE 235, RECHTS UNTEN). JEDE UNTERKUNFT VERFÜGT ÜBER EINE EIGENE TERRASSE MIT BLICK AUF DIE FASZINIERENDE LANDSCHAFT (UNTEN UND VORIGE DOPPELSEITE).

AUCH DAS INTERIEUR MIT SEINEN BULLAUGEN IN DEN TÜREN UND EINBAUMÖBELN (RECHTS) SPIELT GEKONNT MIT DEM SEEFAHRERTHEMA. WEICHE TEXTILIEN UND HOLZÖFEN VERBREITEN ENTSPANNTEN KOMFORT UND WOHLIGE WÄRME.

DAS RESORTEIGENE RESTAURANT SERVIERT BEI SPEZIELLEN EVENTS MANCHMAL AUCH INMITTEN DER ATEMBERAUBENDEN UMGEBUNG SPEISEN ODER DRINKS. DAZU GEHÖREN ANGELTOUREN, MITTAGESSEN AM STRAND UND AUSFLÜGE MIT SUNDOWNER.

auf Grund, kentern oder zerschellen, und noch immer fordert die Skelettküste regelmäßig Opfer.

Inmitten der Skeleton Coast Central Concession Area liegt zwischen den Flüssen Hoarusib und Hoanib die Shipwreck Lodge. Wie stilisierte Schiffwracks sitzen die Chalets auf den Dünen. Das solarbetriebene Camp fügt sich aber nicht nur perfekt in die atemberaubende Umgebung ein, sondern lebt von und mit ihr. Eine breite Terrasse umgibt die innovative Lounge und das Restaurant im Zentrum des nachhaltigen Camps. Von hier geht der Blick über den Sand und bis zum Atlantik. Zunächst erscheint das umliegende Land so leer und lebensfeindlich wie eine Wüste, und doch ist es das Refugium vieler bedrohter Wildtiere. Dem Wüstenelefanten und der scheuen braunen Hyäne bietet die Namib einen unersetzlichen, ökologisch sensiblen Lebensraum.

Dazu lebt hier Namibias einzige lebensfähige Löwenpopulation außerhalb des östlich gelegenen Etosha-Nationalparks. Die Namib gilt als zweittrockenste und vermutlich älteste Wüste der Welt. Über die Jahrtausende hat sich hier einzigartiges Leben entwickelt, dessen aktiver Schutz zum Geschäftsmodell der Shipwreck Lodge gehört: Die Lodge ist ein Joint Venture aus Natural Selection und den beiden namibischen Unternehmen Trip Travel und Journeys Namibia, außerdem beteiligen sich mehrere lokale Gemeinden, die direkt an das Naturschutzgebiet grenzen. Zudem hat sich die Lodge mit den beiden Kommunalschutzgebieten Puros und Sesfontein zusammengeschlossen, die zusammen 6.000 Quadratkilometer umfassen. Auf dem Gebiet leben hauptsächlich Himba und Herero, zwei namibische Volksgruppen. Die Kommunalschutzgebiete sind sozusagen die Verpächter der Lodge und erhalten monatlich eine Umsatzbeteiligung von 8%

VERWALTET WERDEN DIE NICHT-STAATLICHEN SCHUTZGEBIETE

VON DEN KOMMUNEN UND FARMEN SELBST.

SHIPWRECK

KUNENE, NAMIBIA

DIE SHIPWRECK LODGE BIETET DIVERSE AKTIVITÄTEN AN – DARUNTER EINE JEEPTOUR ZUM TROCKENFLUSS HOARUSIB (OBEN RECHTS) MIT ZWISCHENSTOPP AN DEN IMPONIERENDEN, NATÜRLICH ENTSTANDENEN LEHMSCHLÖSSERN. MIT ETWAS GLÜCK LASSEN SICH HIER SCHABRACKENHYÄNEN BEOBACHTEN

– weshalb sie ein ganz persönliches Interesse an ihrem wirtschaftlichen Erfolg und dem von ihr gelebten touristischen Engagement haben. Verwaltet werden die nicht-staatlichen Schutzgebiete von den Kommunen und Farmen selbst. Mit ihrer demokratischen Organisation unter größtmöglichem Mitspracherecht der Bewohner zeigen die Communal Conservancies vorbildlich, wie mit intelligentem Management eine nachhaltige Zukunft für Mensch, Tier und Natur gesichert werden kann.

Im Jahr 1998 wurden in Namibia die ersten vier Kommunalschutzgebiete gegründet. Dort leistete man in jeder Hinsicht Pionierarbeit. Bis heute fördert das Modell wirtschaftliches Überleben und Wachstum in den kargen ländlichen Gegenden Namibias. Die Zahl der eingetragenen Kommunalschutzgebiete ist auf 83 gewachsen. Noch leben die meisten Bewohner von der Farmwirtschaft, doch mit den wachsenden Auswirkungen des Klimawandels werden alternative Einkommensquellen – und damit der Tourismus – immer wichtiger.

BRAE VICTORIA, AUSTRALIEN 237

Architektonische Delikatessen

Das Restaurant und die sechs Suiten des visionären australischen Kochs Dan Hunter sind ein nachhaltiges, lokales und stilvolles Gesamtkunstwerk.

Das renommierte Restaurant von Chefkoch Dan Hunter liegt auf einem Bauernhof außerhalb von Birregurra im australischen Staat Victoria. Seit 2016 gehören sechs luxuriöse, umweltfreundliche Suiten dazu, die dasselbe naturverbundene Konzept verfolgen. Vor den Fenstern erstrecken sich grüne Hügel, Gummibäume und weites Grasland mit wolligen Schafen. Das Design der geräumigen Suiten greift die handwerkliche Ästhetik des Speisesaals auf, der im Jahr 2013 ebenfalls von Six Degrees Architects gestaltet wurde. Regionalität, Saisonalität und Nachhaltigkeit bestimmen das Konzept von Unterkünften und Restaurant. Das Brae ist durchwegs dem Land, denen, die es bewirtschaften und den Handwerkern und Künstlern der Region eng verbunden.

Der gefeierte Chefkoch hat eine beeindruckende Karriere hinter sich. Seine Grundsätze, Lebensmittel vollständig zu verwerten und das Bewusstsein der Gäste zu sensibilisieren, verfolgte er schon immer. Regionalität ist der Grundpfeiler von Hunters Arbeit. *Brae* ist Schottisch für „Hügel": Ein so schlichter wie passender

BRAE

LÄNDLICHE TRADITIONEN UND LOKALE MATERIALIEN WIE WELLBLECH, HOLZ UND ROTE
ZIEGELSTEINE WERDEN IN DEN SUITEN MODERN INTERPRETIERT. GLEICHZEITIG
WIRKEN DIE UNTERKÜNFTE AUF DEN ERSTEN BLICK WIE ORIGINALE FARMGEBÄUDE
(UNTEN).

DIE ZIMMER SIND GESCHMACKVOLL MIT HOLZPANELEN AN DEN WÄNDEN,
GEOMETRISCHEN SCHRÄNKEN UND PLATTENSPIELERN AUSGESTATTET. DURCH DAS
DACHFENSTER ÜBER DEM BETT KANN MAN NACHTS DIE STERNE BEOBACHTEN.

NACH STATIONEN IM MUGARITZ IM SPANISCHEN RENTERÍA UND IM ROYAL MAIL RESTAURANT IN DUNKFELD, AUSTRALIEN ERÖFFNETE DER AUSTRALISCHE KÜCHENCHEF DAN HUNTER IM JAHR 2013 SEIN EIGENES RESTAURANT BRAE.

Name für die zwölf Hektar große Farm, wo ein Großteil der im Restaurant verwendeten Zutaten heranwächst. Die Hühner des Hofs legen nicht nur Eier, sondern picken auch lästiges Unkraut. Im Gemüsegarten, dem Obstgarten und dem Olivenhain wachsen beste australische Zutaten. Hunter achtet sorgfältig auf erstklassige Bioqualität.

Auch die neuen Suiten sollten das Credo des Brae verkörpern. Hunter beauftragte Six Degrees Architects deshalb erneut mit der Entwicklung eines synergetischen Looks: Rustikal und zeitgenössisch, mit lokalen Materialien erbaut und modern zugleich spiegelt die Architektur der Unterkünfte seine Philosophie gelungen wider. Wie die Gerichte des Kochs vereinen auch die Suiten moderne Technik mit lokalen Produkten. Das Restaurant hatten Six Degrees im Jahr 2013 ganz ähnlich gestaltet. Originale Elemente des alten Bauernhauses wurden mit modernen Gastroeinrichtungen stilvoll und zurückhaltend ergänzt. Zu Fenstern und Deckenverkleidungen aus dem 19. Jahrhundert kombinierte das Team zeitgenössische Stücke wie das Entrée, die Bar und die Kellnerstationen. Für die sechs Suiten entwarfen Six Degrees ein neues Gebäude, das sich ebenfalls gekonnt auf dem Grat zwischen moderner Coolness und

RUSTIKAL UND ZEITGENÖSSISCH, MIT LOKALEN MATERIALIEN ERBAUT UND MODERN ZUGLEICH

SPIEGELT DIE ARCHITEKTUR DER UNTERKÜNFTE HUNTERS PHILOSOPHIE GELUNGEN WIDER.

BRAE   VICTORIA, AUSTRALIEN 241

DIE ENTSPANNENDE LÄNDLICHE UMGEBUNG PRÄGT INNEN- WIE AUSSENBEREICHE DES BRAE. DER GEMÜSEGARTEN LÄDT ZUM SPAZIERGANG EIN. ANSCHLIESSEND SCHMECKT DAS DINNER IM ABENDSONNENSCHEIN GLEICH DOPPELT GUT.

liebgewonnener Tradition bewegt. Recycelte Ziegel und australische Blackbutt-Holzvertäfelungen sind Reminiszenzen an die ländliche Umgebung. Sonnenkollektoren, das Regenwassersammelsystem und die umweltfreundliche Kompostieranlage – mit Würmern – sorgen für ein CO_2-freies Gewissen. Schieferböden, Marmortischplatten, Messingbeschläge und Stahlakzente erden den handwerklichen Look und erinnern an die naturbelassene Umgebung des Brae. Einfallsreich spielen Six Degrees mit dem typisch charmanten, gewachsenen Flair alter Hofgebäude. Auch die maßgefertigten Armaturen und Tischlerarbeiten mit sorgsam bearbeitetem Massivholz und handgeschweißten Stahlelemente referieren auf den Do-it-yourself-Charakter des Landlebens.

Für das gewünschte zeitlose Interieur beauftragte Hunter das Team von Studio Round. Cone 11 entwarf die Keramik, die aus Ton vom Grundstück des Brae gefertigt und nach der Glasur mit Asche aus dem restauranteigenen Holzofen bestreut wurde. Kunsthandwerkerin Emma Hayes steuerte individuell gefärbte Kissen, Industriedesigner Dave Murray maßgefertigte Möbel und Einrichtungsgegenstände aus Messing, Stahl und Holz bei. Den letzten, individuellen Schliff bekam jeder Raum durch Auftragswerke von Rhys Lee, einem ortsansässigen Lieblingskünstler Hunters. Seine Gemälde malte Lee direkt auf die Ziegelwände, die Six Degrees ursprünglich ganz in Weiß halten wollten, und traf damit genau Hunters Geschmack. Überraschungen – ob in der Küche oder beim Interieur – schätzt der Chefkoch nämlich besonders.

Natürlich einzigartig

Die Häuschen des Hofguts Hafnerleiten verbinden außergewöhnliche Architektur mit Wellness und viel Liebe zur Natur.

HOFGUT HAFNERLEITEN BAYERN, DEUTSCHLAND

Unberührte Natur umgibt das bayrische Hofgut Hafnerleiten. Nahtlos fügt sich das Architekturprojekt in seine zauberhafte Umgebung ein, die das Gut in vielerlei Hinsicht inspirierte.

Anja und Erwin Rückerl haben sich bewusst für themenorientierte Gästehäuser anstelle klassischer Hotelzimmer entschieden. Im Jahr 2001, lange bevor Ferienhaussiedlungen in Mode kamen, bauten sie mit dem Bootshaus ihre erste Unterkunft. Es folgten sechs weitere Themenhäuschen – das Terrassenhaus, das Baumhaus, das Gartenhaus mit eigener Sauna, das Wasserhaus, das Hanghaus und das barrierefreie Wiesenhaus – sowie drei größere Ferienhäuser und fünf Wellnesswürfel. Zwei der Würfel fungieren als Saunen, während die anderen drei ein Massagestudio, einen Kosmetikbereich und einen Farbtherapieraum beherbergen.

HOFGUT HAFNERLEITEN

DIE UNTERSCHIEDLICH GESCHNITTENEN FERIENHÄUSER
SIND ALLE MINIMALISTISCH GESTALTET UND IN
HARMONISCHEN, UNAUFDRINGLICHEN FARBTÖNEN GEHALTEN.
STEIN UND NATURHOLZ UNTERSTREICHEN DEN LOOK
(MITTE UND UNTEN).

MIT PRIVATER TERRASSE VERSPRECHEN ZWEI DER HÄUSER
MAXIMALE ENTSPANNUNG UND RUHE. VON DORT KANN MAN
DIREKT IN DEN EINLADENDEN BADETEICH SPRINGEN (RECHTS).

BAYERN, DEUTSCHLAND

HINTER DER UNVERWECHSELBAREN, SCHWARZ GEBEIZTEN HOLZFASSADE DER DREI ROTTALER LANGHÄUSER SORGT EINE EIGENE KÜCHE FÜR PRIVATSPHÄRE UND UNABHÄNGIGKEIT. JEDES HAUS VERFÜGT ÜBER EINE GROSSE TERRASSE MIT AUSSENKAMIN.

Das deutsche Studio Format Elf Architekten haben sich für das Design der drei Ferienhäuser von den traditionellen Steildachscheunen inspirieren lassen. Die drei Rottaler Langhäuser wurden insbesondere für längere Aufenthalte gestaltet. Ihr Konzept passt sich individuell der natürlichen Umgebung an. Alle drei Häuser sind im selben Stil gehalten, verfügen jedoch über unterschiedlich platzierte Terrassen und Fenster, die zur jeweils schönsten Seite ausgerichtet sind: zum See, zum Wald oder zum Feld. Die Lage beeinflusst auch Form und Farbe der Häuser: Von gedämpftem Hellbraun bis zu dunklen, kräftigeren Tönen zitiert die Farbgebung das Umland.

Nicht nur dank ihrer Spitzdächer erinnern die Ferienhäuser an die regionaltypischen Hofgebäude. Gekonnt spielt das Design mit bayrischen Traditionen. Das schwarz gebeizte Holz der Verkleidungen lehnt sich daran an und lässt sie zudem mit dem Wald verschmelzen. Hohe Decken, eine gemütliche Essecke und eine voll ausgestattete Küche sorgen für Komfort. Am knisternden Holzofen im Wohnzimmer kann man herrlich entspannen, im Außenbereich lockt eine Feuerstelle. Das Konzept aus Privatsphäre und Unabhängigkeit ist gelungen. So können Gäste hier wahlweise selbst kochen oder im Restaurant speisen. Dort lädt ein langer Familientisch im mediterranen Stil zum gemeinsamen Essen ein, bei dem nicht nur Speisen und Getränke, sondern gern auch unterhaltsame Anekdoten geteilt werden dürfen. Neben Kochkursen, die er seit dem Jahr 1999 anbietet, gibt Erwin Rückerl auch spannende Barista-Seminare. Kaffeeaficionados dürfen sich auf fachkundige Anleitung freuen: Erwin Rückerl ist stolzer Preisträger mehrerer Barista-Auszeichnungen.

Und weil das Paar überzeugt ist, dass echte Erholung nur offline möglich ist, bleiben Mobiltelefone und Laptops im Hofgut Hafnerleiten ausgeschaltet. Eines ihrer Themenhäuschen führt diesen Gedanken konsequent zu Ende: Im Hanghaus können Gäste ohne Elektrosmog und elektromagnetische Störungen völlig strahlungsfrei abschalten.

IM HANGHAUS KÖNNEN GÄSTE OHNE
ELEKTROSMOG UND ELEKTROMAGNETISCHEN

STÖRUNGEN VÖLLIG STRAHLUNGSFREI
ABSCHALTEN.

HOFGUT HAFNERLEITEN BAYERN, DEUTSCHLAND 247

DIE THEMENHÄUSCHEN ZITIEREN IHREN JEWEILIGEN STANDORT: DAS WASSERHAUS (LINKE SEITE) SCHWEBT ÜBER DEM SEE, WÄHREND DAS BAUMHAUS (RECHTS OBEN UND UNTEN) AUF STELZEN IM WALD STEHT.

VOM FREILUFTRESTAURANT DES HOFGUTS HAFNERLEITEN (LINKS OBEN UND UNTEN) ALS AUCH DURCH DIE GROSSEN, RAHMENLOSEN FENSTERN DES BAUMHAUSES (RECHTS UNTEN) BLICKT MAN DIREKT INS GRÜNE.

Prediger in der Wüste

OMAANDA

Mit ihrem authentischen Konzept bewahrt und schützt diese luxuriöse Lodge das wertvolle Natur- und Kulturerbe von Namibia.

Als Land der Kontraste gehört Namibia zu den am dünnsten besiedelten Ländern der Welt. Mit seinen einzigartigen Naturparks und Reservaten zählt der Staat im südlichen Afrika mittlerweile zu den weltweiten Vorreitern in Sachen Naturschutz. In der Nähe der namibischen Hauptstadt Windhoek erstreckt sich das private Zannier Reserve der N/a'an ku sê Foundation über großzügige 9.000 Hektar. Hier liegt die luxuriöse Omaanda Lodge, die mit Unterstützung der führenden Naturschutzorganisationen des Landes gegründet wurde. Der Name der 10-Zimmer-Lodge bedeutet „Nashorn" auf Oshiwambo, der meistgesprochenen Sprache Namibias. Und nicht nur der Name spielt auf das umliegende Schutzgebiet

KHOMAS, NAMIBIA 249

OMAANDA

UNTER DEN TRADITIONELLEN, HANDGEFERTIGTEN REETDÄCHERN DER HÜTTEN FINDET SICH EINE SCHLICHTE, ABER KOMFORTABLE EINRICHTUNG. STRUKTURIERTE TEXTILIEN NEHMEN DIE WARMEN FARBEN DER UMGEBUNG AUF.

JEDE HÜTTE VERFÜGT ÜBER EIN GROSSES BADEZIMMER MIT MODERNEN ANNEHMLICHKEITEN. VON DER EBENERDIGEN REGENDUSCHE BIETET SICH EINE ATEMBERAUBENDE AUSSICHT AUF DIE UMGEBUNG. ALTERNATIV LÄSST SICH IN DER BADEWANNE HERRLICH ENTSPANNEN.

KHOMAS, NAMIBIA 251

DER BEHEIZTE INFINITY-POOL NEBEN DEM RESTAURANT LOCKT UNTER FREIEM HIMMEL MIT EINEM SENSATIONELLEN BLICK ÜBER DIE SAVANNE. SNACKS UND GETRÄNKE SERVIERT DIE NAHE TERRASSENBAR AUCH AM POOL.

für Wildtiere an: Vom Konzept bis zum Dekor ist jedes Detail in der Omaanda Lodge von der wilden Schönheit, den Klängen und alten Traditionen der Savanne inspiriert. Bis heute hat Naturschutz bei jeder Entscheidung des Teams oberste Priorität. Kraft Architects haben die Lodge in einem erfrischenden Mix aus Luxus, Nachhaltigkeit und Design entworfen. Die frei stehenden Hütten sind in warmen Erdtönen gehalten und erinnern nicht von ungefähr an die traditionelle Architektur der Ovambo. Handgedeckte Reetdächer schützen vor Sonne und Wind. Umgeben ist die Lodge von einem *kraal*, dem typischen Holzzaun. Die kreisrunde *boma* ist das Herz der Omaanda Lodge: Hier kommen, ganz nach traditionellem Vorbild der indigenen Stämme, alle Gäste zum Essen und Plaudern zusammen. Die gerundeten Wände der Gästezimmer entstanden ebenfalls gemäß alten Bautechniken, indem einfache Sandsackstrukturen mit natürlichem Lehm verputzt wurden. Geraldine Dohogne arbeitet bereits seit Jahren erfolgreich mit Zannier Hotels zusammen. Sie gestaltete die Unterkünfte mit viel Respekt für namibische Traditionen. Das Ergebnis ist ein eleganter Mix aus dem typisch zurückhaltenden Luxuslook der Designerin und einzigartigen antiken Stücken aus Namibia und den Nachbarländern. Gedämpfte Farben unterstreichen gekonnt die rustikalen, raffinierten Texturen. Warme Holz- und Erdtöne sorgen für einen typisch afrikanischen und zugleich zeitgenössischen Look.

Neben ihrem nachhaltigen Designansatz zeigt vor allem die Partnerschaft mit der N/a'an ku sê Foundation, welchen Stellenwert der Naturschutz in der Omaanda Lodge hat. Gemeinsam arbeiten die Teams am Konzept des „Zannier Reserve by N/a'an ku sê" und entwickeln vorbildliche Richtlinien für den Schutz seines sensiblen Ökosystems. Die von Rudie und Marlice van Vuuren gegründete Stiftung trägt seit 2006 dazu bei, die faszinierende Landschaft, Tierwelt und Kultur Namibias zu erhalten. Ihr

DIE N/A'AN KU SÊ STIFTUNG LEITET WICHTIGE SCHUTZ- UND FORSCHUNGSPROJEKTE

UND KÄMPFT UNERMÜDLICH FÜR EINE ZUKUNFT DER WILDTIERE.

OMAANDA

KHOMAS, NAMIBIA 253

DIE REETDÄCHER DER ÜBER DIE NAMIBISCHE LANDSCHAFT VERSTREUTEN HÜTTEN ZITIEREN DIE FELSEN BERGGIPFEL (RECHTS OBEN). IN DER LODGE LADEN LIEGESTÜHLE ZUM ENTSPANNEN EIN. ABENDS VERWÖHNT DAS HAUSEIGENE RESTAURANT MIT EXQUISITEM ESSEN (LINKS OBEN UND UNTEN).

Engagement finanziert die N/a'an ku sê Foundation mit nichtstaatlichen Geldern und verantwortungsvollem Naturschutztourismus. Zu den Projekten gehören unter anderem die ärztliche und soziale Versorgung der marginalisierten indigenen San, die Betreuung verwaister und verletzter Wildtiere sowie der Schutz der Naturlandschaft. Als aktiver Vermittler zwischen Mensch und Tier leitet die Stiftung wichtige Schutz- und Forschungsprojekte und kämpft unermüdlich für eine glückliche Zukunft der Wildtiere Namibias. Erklärtes Ziel der N/a'an ku sê Foundation ist ein friedliches Afrika, in dem Menschen und Tiere respektvoll zusammenleben. Auch die zahlreichen von der Omaanda Lodge angebotenen Ausflüge und Safaris orientieren sich am visionären Ansatz der Stiftung und informieren über ihre Arbeit. Anders als bei gewöhnlichen Jeepsafaris können die Gäste der Omaanda Lodge zum Beispiel einen traditionellen Stamm der San besuchen oder das Shiloh Wildlife Sanctuary, in dem verwaiste und von Wilderern verletzte Nashörner und Elefanten versorgt werden – und tragen damit selbst zum Erhalt der schützenswerten Kultur und Natur Namibias bei.

OMAANDA, *KHOMAS, NAMIBIA*

Fantasie in Holz

Mit nachhaltig gebauten Baumhäusern und schwimmenden Designerhäuschen interpretiert das Coucoo verantwortungsvollen Tourismus ganz verspielt.

COUCOO

FRANKREICH

Das Abenteuer beginnt schon bei der Ankunft: Der Weg in die Baumhäuser des Coucoo Grands Chênes führt entweder über eine private Seilrutsche, eine schwindelerregende Leiter oder eine wackelige Hängebrücke. Verborgen in den Ästen hundertjähriger Eichen wecken die Häuschen Erinnerungen an unbeschwerte Kindertage. Im Jahr 2009 rief der Franzose Gaspard de Moustier das außergewöhnliche Ökohotelprojekt ins Leben. Später stieß der Unternehmer Emmanuel de La Bédoyère dazu. Mittlerweile gehören neben dem Baumhaushotel in der Picardie (etwa 60 Kilometer von Paris) drei weitere Öko-Resorts zur Marke Coucoo. In Franche-Comté schwimmen die Häuschen in einer unberührten Seenlandschaft auf dem Wasser, weitere Standorte sind Belfort nahe der Grenze zur Schweiz und Vaucluse in der Nähe von Châteauneuf-du-Pâpe. So unterschiedlich die

COUCOO

ZU DEN CABANES DES GRANDS LACS IN DER FRANCHE-COMTÉ GEHÖREN MEHRERE SCHWIMMENDE HÄUSCHEN. SIE SIND NUR PER BOOT ODER ÜBER EINEN PRIVATSTEG ERREICHBAR UND VERSPRECHEN EINEN SO IDYLLISCHEN WIE AUSSERGEWÖHNLICHEN AUFENTHALT.

IN AVIGNON IM VAUCLUSE STEHEN DIE CABANES DES GRANDS LACS AUF STELZEN IM WASSER. HARMONISCH FÜGEN SIE SICH IN DIE UFERVEGETATION EIN. DIE HOHEN BALUSTRADEN DER UMLAUFENDEN TERRASSEN UND BALKONE VERSPRECHEN VÖLLIGE UNGESTÖRTHEIT.

Resorts und ihre umgebenden Ökosysteme sind, so stimmig ist das Gesamtkonzept: Natürlicher Luxus, Nachhaltigkeit und verantwortungsbewusster Tourismus bilden stets das Grundgerüst.

Die Flora und Fauna ringsum inspirierte die Architektur und die Gestaltung der Unterkünfte, für die umweltfreundliche Materialien verwendet wurden – etwa unbehandeltes Lärchen- und Douglasienholz. Zur Isolierung nahm man Schafwolle und folgte damit den Prinzipien der Biomimetik – also der Nachahmung von Elementen oder Strukturen aus der Natur. Die Baumhäuser wirken wie riesige Vogelnester, andere Häuschen ähneln mit ihren Stelzenkonstruktionen langbeinigen Kranichen. Es versteht sich von selbst, dass die alten Eichen, welche die Baumhäuser beherbergen, mit größter Vorsicht behandelt werden: Die Gesundheit jedes Baumes wird rund ums Jahr von einem Forstwirt überwacht.

Die Häuschen des Resorts am Lac de la Lionne im Herzen der Weinberge um Châteauneuf-du-Pape wiederum erinnern laut den Architekten von Atelier Lavit an „einfache Gebäude am Seeufer. Wie Flöße und Stelzenhäuser scheinen sie gleich historischen Pfahlbauten auf dem Wasser zu schweben" – und funktionieren dabei komplett autark. Windturbinen erzeugen grünen Strom und das Abwassersystem wird mit Regenwasser gespeist. Der natürliche Infinitypool inmitten der Weinberge lädt zum Bad im Grünen ein. Sein natürliches High-Tech-Filtersystem wurde auch im

DIE FLORA UND FAUNA RINGSUM
INSPIRIERTE DIE ARCHITEKTUR

UND DIE GESTALTUNG
DER UNTERKÜNFTE.

COUCOO FRANKREICH

DIE HÄUSCHEN DER CABANES DES GRANDS CHÊNES SCHWEBEN BIS ZU 13 METER ÜBER DEM ERDBODEN. FAST NAHTLOS VERSCHMELZEN DIE HOLZKONSTRUKTIONEN MIT DEN BAUMKRONEN. INS RAUSCHEN DER WIPFEL MISCHT SICH LEISES VOGELGEZWITSCHER (LINKS UND UNTEN).

EINE 30 METER LANGE HÄNGEBRÜCKE FÜHRT ZUM ROMANTISCHEN WELLNESSBAUMHAUS, DAS SICH UM EINE STARKE EICHE SCHMIEGT. DIE PANORAMATERRASSE UND DIE ERKERFENSTER ZU ALLEN SEITEN MACHEN DAS HAUS ZUR KLEINEN LUXUS-BAUMOASE.

skandinavisch inspirierten Bio-Ozon-Whirlpool aus Holz in einem der schwimmenden Häuschen verbaut: Völlig ohne harte und geruchsintensive Chemikalien verwöhnt die Wellnessoase mit sauberem, angenehme 40 °C warmem Wasser.

Alle Coucoo-Öko-Resorts folgen der strikten Leitlinie, die umgebende Natur voll und ganz zu respektieren. So werden auch die Gäste in das Umweltschutzprogramm eingebunden. Bei der Ankunft erhalten sie ein interaktives Dokument, das über wertvolle Energiespartipps, Reyclingmöglichkeiten, Wassersparmaßnahmen und anderes informiert. Der Gast wird damit quasi zum perfekten Wald-, See- und Weltenbürger. Im Innenbereich wartet ein mit Recycling-Taschen, einer Stirnlampe und Trinkwasser gepackter Rucksack. Jeden Morgen wird ein liebevoll zusammengestellter Korb mit bester gesunder und regionaler Biokost an die Tür geliefert. Jedes Coucoo-Resort hat dafür ein gut funktionierendes Netzwerk von Lieferanten aus der Umgebung auf die Beine gestellt. Dazu zählen lokale Gärtner, Bauern, Imker, Bäcker, Käsereien und Winzer. Der Mut zu neuen Technologien, Nachhaltigkeit und Biomimetik lohnt sich. Jedes Coucoo-Resort verspricht eine einzigartige Erfahrung im Hier und Jetzt. Wer unter dem hundertjährigen Blätterbaldachin erwacht oder morgens die Stille über dem spiegelnden See erlebt, spürt die Liebe zur Natur und kommt ganz zu sich. Alles Überflüssige verschwindet, denn an solchen Orten bleibt die Zeit für einen perfekten Augenblick lang stehen.

Hang Loose

Neben seinem Boutiquehotel mit nachhaltigem Restaurant setzt das The Slow auf Kunst und lokale Kultur – und macht den Urlaub im Surferparadies Canggu auf Bali zum ganzheitlichen Erlebnis.

Das The Slow ist mehr als ein hippes Surferhotel: Hier wird die Surfkultur geliebt und gelebt. Mit seinem entspannten Lifestyle definiert es dabei – wie sein Name verrät – eine langsamere, neue Art der Coolness. Die Initiatoren des Projekts sind der ehemalige Modedesigner George Gorrow und seine Frau, das Model Cisco Tschurtschenthaler. Gemeinsam entwickelte das Paar ein immersives Hotelkonzept.

Fünf Minuten vom Hauptstrand von Canggu entfernt, schaffen moderne neben traditionellen und indonesischen Einflüssen ein zeitgemäßes Luxusambiente. Das Hotel wurde gemeinsam mit dem balinesischen Studio GFAB Architects entworfen und aus lokalem Stein und Holz errichtet. Roher Beton ergänzt die traditionellen Materialien und sorgt für den charakteristischen Look, den die Eigentümer als „tropischen Brutalismus" bezeichnen. Das Paar fand seine Inspiration in verschiedensten Quellen, vom Brutalismus über brasilianische Architektur, tropischen Minimalismus und japanisches Design bis hin zu Künstlern wie Richard Serra und Brent Wadden. GFAB Architects bringen ihrerseits mit grünen Pflanzen, Holzelementen, perforierten Paravents und vertikalen

264 THE SLOW BALI, INDONESIEN

DIE MÖBEL SIND IN GEDECKTEN NATURTÖNEN GEHALTEN UND VERSPRECHEN MAXIMALEN KOMFORT. EDLE STÜCKE LOKALER KUNSTHANDWERKER ERGÄNZEN DIE EKLEKTISCHE KUNSTSAMMLUNG DER BEIDEN BESITZER.

ALLE SUITEN DES HOTELS VERFÜGEN ÜBER DECKENHOHE FENSTER. DIE POOL SUITE GEHT DIREKT AUF EINEN PRIVATEN POOLBEREICH MIT TROPISCHEN PALMEN HINAUS.

Sichtschutzen balinesische Bautraditionen ein, die sich gut für das feuchte Klima eignen.

Das Interieur des The Slow ist atemberaubend: Die Gemeinschaftsbereiche im Industrial Chic sind mit glatten Betonböden und skandinavisch inspirierten Esstischen gestaltet, darüber hängen tropische Pflanzen in Terrakottatöpfen. Von den Möbeln bis zum Geschirr wurde für The Slow jeder Gegenstand eigens von lokalen Handwerkern gefertigt. Die entspannte Atmosphäre ergänzen stilvolle Kunstwerke und Drucke. Viele Werke stammen von Künstlern und Fotografen, mit denen Gorrow im Lauf seiner Designerkarriere zusammengearbeitet hat.

Auch in den zwölf Gästezimmern bilden nackte Steinwände, bequeme Möbel in Naturtönen und kontrastierende Materialien eine klare Linie. Betonböden, Holzfurnier und Sandsteinfliesen geben eine entspannte Kulisse für Bambusstühle und elegante Couchtische ab. Aus Liebe zur Umwelt setzten die Gorrows in Sachen Design von Anfang an auf Up- und Recycling. In gewisser Weise belebt die unbestreitbare Coolness der Eigentümer mit ihrem Mix aus Kreativität und gesunder Respektlosigkeit vor Traditionen eine eigene Vision von Nachhaltigkeit.

Plastik hat im The Slow lebenslanges Hausverbot – so verwendet man hier gläserne Trinkhalme. Der nachhaltig gefangene Fisch wird im Restaurant komplett verwertet. Aus den letzten Resten zaubert das Küchenteam einen köstlichen Mahi-Mahi-Dip. Chefkoch Shannon Moran würzt die gesunde, saisonale Speisekarte mit seinen Erlebnissen von Reisen in die ganze Welt, und so spiegeln die Gerichte mit Exotik und einer köstlichen Prise Experimentierfreude auch das Hotelkonzept wider: Cooler Lifestyle mit Herz für den Planeten.

VON DEN MÖBELN BIS ZUM GESCHIRR
WURDE FÜR THE SLOW JEDER

GEGENSTAND EIGENS VON LOKALEN
HANDWERKERN GEFERTIGT.

EINHEIMISCHES HOLZ PRÄGT INNEN- WIE AUSSENBEREICHE. NICHT NUR VIELE MÖBEL, SONDERN AUCH DIE LATTENVERKLEIDUNGEN VON WÄNDEN UND DECKEN BESTEHEN AUS DIESEN HÖLZERN.

DIE LOCKERE ATMOSPHÄRE ZIEHT SICH DURCH DAS GESAMTE HOTEL. DAZU PASSEN DIE ENTSPANNTEN SOUNDS VON REVERBERATION RADIO, EINEM GEMEINSCHAFTSPROJEKT VON BALINESEN UND MUSIKERN AUS LOS ANGELES.

Ein luxuriöser Rückzugsort im „Hotel California"

SINGLETHREAD

Das SingleThread im Sonoma Wine Country bietet neben Übernachtungsmöglichkeiten auch ein fantastisches Restaurant mit Michelin-Stern.

Schon lange träumten Kyle und Katina Connaughton von einem Farmrestaurant mit Pension im Sonoma Wine Country. Mit dem SingleThread wurde dieser Wunsch Wirklichkeit. Nach langen Auslandsaufenthalten zog es den preisgekrönten Koch und die Landwirtschaftsexpertin 2016 zurück in ihre Heimat Kalifornien. Hier wollten sie ein Ausnahmerestaurant eröffnen, das kulturelle und gastronomische Einflüsse aus ihren Stationen in Großbritannien und Japan vereint. Heute greifen im SingleThread nachhaltige Landwirtschaft, Gourmetküche und moderne Hotellerie überzeugend ineinander. Die feldfrischen Produkte des eigenen Bauernhofs stehen im Mittelpunkt. Katina Connaughton wacht persönlich über die SingleThread Farm, die zwölf Kilometer von Inn und Restaurant entfernt liegt. Auf dem Gelände

SINGLETHREAD

KALIFORNIEN, USA 271

DAS ZURÜCKHALTENDE, ZEITGEMÄSSE INTERIEUR DES SINGLETHREAD STRAHLT EINE RUHIGE GRANDEZZA AUS. ÜBER DEN PARKETTBÖDEN DER HÜBSCH EINGERICHTETEN ZIMMER SPANNT SICH DIE WUNDERSCHÖNE BALKENDECKE AUS HOCHWERTIGEM REDWOOD (GANZ LINKS).

DIE LIEBE UND LEIDENSCHAFT DER EIGENTÜMER STECKEN IN DEM GELUNGENEN GASTRONOMIE- UND SERVICEANGEBOT. IN DER KÜCHE WERDEN GRÖSSTENTEILS ZUTATEN VON DER HAUSEIGENEN FARM VERARBEITET (LINKS) UND BEEINDRUCKENDE DEGUSTATIONSMENÜS MIT ELF GÄNGEN SERVIERT.

finden sich ein Gewächshaus, Rinderkoppel, Hühnerstall und summende Bienenstöcke sowie Felder, alte Obstgärten und unzählige Olivenbäume. Rundum wachsen dicht behangene Reben der Edelsorten Cabernet Sauvignon, Zinfandel und Chardonnay. Von hier bezieht die Restaurantküche ihr Gemüse und Obst sowie Kräuter, Blumen, Honig, Eier und Olivenöl.

Die fünf Gästezimmer sind direkt an das Restaurant angeschlossen und mit maßgefertigten Möbeln von der New Yorker Firma AvroKO ausgestattet. Hohe Decken und Holzbalken evozieren die Architektur einer Scheune, während weiße Ziegelwände, Holzböden, Juteteppiche und dunkle Ledermöbel für eine kuschelige Atmosphäre sorgen. Im SingleThread setzt man auf achtsamen Luxus und elegante Ästhetik: In der Küche wie in den Zimmern dominieren feinste Handwerkskunst und das japanische Prinzip *omotenashi* – die „selbstlose Gastfreundschaft". Die vielen Jahre, die die Connaughtons in Japan zubrachten, sieht man auch an der filigranen Papierlaterne im Origami-Stil, die Jiangmei Wu eigens für das Restaurant gestaltete. Sie greift stilistisch das Logo des SingleThread auf – eine Zwiebelblume. Im ganzen Inn verteilt stehen exquisite Vasen der Familie Nagatani aus dem japanischen Iga. Auch das Geschirr des Restaurants stammt großteils von den Nagatani, die ihre meisterhaften Keramiken bereits in achter Generation herstellen. Inneneinrichtung und Menü sind bestens aufeinander abgestimmt: Hier wird der klassische Donabe Hot Pot nach japanischer Tradition für alle Restaurantgäste zusammen zubereitet – mit eigenem Gemüse und hausgemachtem Tofu. Vom Dachgarten des SingleThread bietet sich ein bezaubernder 360-Grad-Blick auf Healdsburg. Neben Aufzuchtbeeten und Obstbäumen blühen unten im Garten bunte Schnittblumen, die Katina Connaughton selbst anbaut: Bartfaden, Salbei, Zinnien und Kosmeen wachsen zwischen Spalierapfel-, Maulbeer- und Quittenbäumen. Ein kalifornischer Traum ist hier wunderbare Wirklichkeit geworden.

SURFRIDER MALIBU

KALIFORNIEN, USA 273

Ein kalifornisches Strandhaus

Mit der Wiedereröffnung des legendären Surfrider Motel setzt Malibu neue Standards für einen nachhaltigen Lifestyle am Meer.

Das Surfrider Malibu ist durchweg von seiner malerischen Umgebung und der kalifornischen Surfkultur inspiriert. Das einstige Motel liegt am Pacific Coast Highway und galt seit seiner Eröffnung im Jahr 1953 als Wahrzeichen der historischen Küstenstadt. Musiklegenden wie The Doors, Fleetwood Mac und Neil Young gingen hier ein und aus. Gegenüber am Surfrider Beach wurden im Jahr 1966 einige Szenen des Kultfilms *The Endless Summer* gedreht. Den sensiblen Umbau des ikonischen Hauses verantwortete der Architekt und Hotelier Matthew Goodwin. Er wollte mit dem Wiederaufbau des heruntergekommenen Motels als retro-modernes Strandhaus Kaliforniens Seele einfangen. Heute überzeugt das Surfrider Malibu als Boutiquehotel mit 18 Zimmern

SURFRIDER MALIBU

DIE GROSSZÜGIGEN ZIMMER UND SUITEN IM THE SURFRIDER SIND ZEITGEMÄSS GEHALTEN. WEICHE BETTWÄSCHE IN HAFER- UND TAUPE-NUANCEN, GEFLOCHTENE LAMPENSCHIRME UND SISALTEPPICHE ZITIEREN DIE UMGEBENDE NATUR (OBEN).

KALIFORNIEN, USA

IN DER GROSSZÜGIGEN, PURISTISCHEN KÜCHE WIRD GEMEINSAM UNTER EINER DEKORATIVEN HOLZDECKE GEGESSEN (LINKE SEITE RECHTS). AUCH EINIGE SUITEN IM THE SURFRIDER BEZAUBERN MIT BESONDERS DEKORATIVEN DECKEN.

SALZ, MEER UND ABENTEUER: SO LÄSST SICH DAS THE SURFRIDER AM BESTEN BESCHREIBEN. EINLADENDE PRIVATTERRASSEN MIT HÄNGEMATTEN (GANZ LINKS) UND MASSGEFERTIGTE SURFBOARDS SORGEN FÜR ENTSPANNTES STRANDFEELING.

und zwei Suiten, einer Bibliothek, einer Rooftop-Bar und einem Restaurant. Die in der zweiten Etage gelegenen Zimmer bieten einen Panoramablick über Malibu Pier, Surfrider Beach und den beliebten Surfspot First Point.

Goodwin entwickelte das Konzept gemeinsam mit seiner Frau Emma Crowther als Kreativdirektorin und dem Geschäftspartner Alessandro Zampedri. Für den Umbau setzte das Team auf nachhaltige Materialien wie alte, bearbeitete Holzdielen, maßgefertigte Teakholzbetten, lokalen Stein, Keramikfliesen und hochwertige Bettwäsche. Kunstvolle Handwerksarbeiten und Erdtöne sind das verbindende Element der sandfarbenen Strukturteppiche, großen Lampenschirme aus Weizengeflecht, Hängematten und Pflanzen. Von der Dachterrasse blickt man weit übers Meer und kann im Liegestuhl bequem den Sonnenuntergang genießen oder an einer Feuerstelle lokale gesunde Gerichte wie die Earth Bowl zu sich nehmen: Hummus, Quinoa, Sprossen, eingelegte Cranberries, gebratener Kürbis, Avocado, geröstete Kürbiskerne, Manchegokäse und gegarter Thunfisch nähren Körper und Seele. Das Frühstück macht mit Bircher Müsli aus Hafer, Gojibeeren, Blaubeeren, Sonnenblumenkernen, Kokosraspeln, Chiasamen, Nüssen, Kokosjoghurt und Bioobst fit für den Tag auf dem Board. Für den beliebten Avocado Smash wird geröstetes Sauerteigbrot mit Avocado, Sonnenblumenkernen und Erbsensprossen mit Meyer-Zitronenöl und Big-Sur-Salz belegt. Gerne bereitet das Team auch eine Lunchbox mit Köstlichkeiten von der Karte zum Mitnehmen zu. Poster mit inspirierenden Surferweisheiten schmücken die Wände, dazu stehen für die Hotelgäste traumhafte Custom-Surfboards mit unterschiedlichen Formen von lokalen Herstellern wie Wax Surf Co, Dead Kooks und Keegan Gibbs bereit. Wer hier eincheckt, weiß: Die Wellen in Malibu gehören weltweit zu den besten!

Beauty and the Beach

KENOA BEACH SPA & RESORT

Das Kenoa Beach Spa & Resort überzeugt mit seinem Mix aus Eleganz und Naturnähe – und lebt mit zeitgemäßem Design, recycelten Materialien und viel Grün einen visionären Traum vor.

Nur neun Grad südlich des Äquators, in Barra de São Miguel an der Nordostküste Brasiliens, liegt das Kenoa Beach Spa & Resort. Ganzjährig sommerliche Temperaturen und endlose, unberührte Küstenstreifen machen dieses Fleckchen Erde am Atlantik zum kleinen Paradies. Mit seinen 23 Villen und Suiten grenzt das Resort direkt an ein Naturschutzgebiet, das den Entwurf des lokalen Architekten Osvaldo Tenório inspirierte: Seine umweltschonend erbauten Unterkünfte spiegeln ihre natürliche Umgebung wider. Wirkungsvoll glänzt poliertes Holz vor rauen Ziegelwänden. Naturmaterialien und menschengemachtes Design verschmelzen zu einem extrem reduzierten Look. Die Idee für das Kenoa Resort hatte Pedro Marques. Der ehemalige Deloitte-Ingenieur verbrachte als

ALAGOAS, BRASILIEN 277

KENOA BEACH SPA & RESORT

VIELE VILLEN VERFÜGEN ÜBER EINEN EIGENEN BEHEIZTEN INFINITY-POOL, DER OPTISCH MIT DEM MEER ZU VERSCHMELZEN SCHEINT. DIE WÄNDE SIND MIT BALINESISCHEM STEIN VERKLEIDET (UNTEN).

BEI DEN UNTERKÜNFTEN VERBINDEN SICH MODERNE BAUTECHNIKEN MIT EINER EINFACHEN, RUSTIKALEN ARCHITEKTUR. SO WURDEN ETWA RAHMENLOSE, RAUMHOHE FENSTER IN RAUE BETONWÄNDE EINGELASSEN (GANZ UNTEN).

AUCH DIE AUSSENBEREICHE DES RESORTS WURDEN BEEINDRUCKEND GESTALTET. EINIGE VILLEN HABEN DIREKTEN ZUGANG ZUM STRAND, ANDERE BLICKEN AUF DAS ANGRENZENDE NATURSCHUTZGEBIET.

„RUSTIKALER LUXUS" – DAS BESCHREIBT DEN STIL DER ZIMMER IM KENOA BEACH WOHL AM BESTEN. ZU HANDFESTEM MOBILIAR, DAS GROSSTEILS AUS RECYCELTEM HOLZ GEFERTIGT IST, WERDEN ÄGYPTISCHE BAUMWOLLBETTWÄSCHE UND GÄNSEDAUNENKISSEN KOMBINIERT. DIE BÄDER SIND MIT DOPPELWASCHBECKEN AUSGESTATTET.

Kind viele Sommer im Strandhaus seiner Eltern und lernte diese Region dabei kennen und lieben. Jahrzehnte später baute er hier – ohne Hotellerie-Erfahrung, dafür mit umso mehr Unternehmergeist, Leidenschaft und vielen engagierten Freunden – das Kenoa Beach Spa & Resort. Heute gilt das Hotel als eines der beliebtesten Öko-Resorts Brasiliens. „Kenoa spiegelt mich selbst, meine Familie und alle Menschen wider, mit denen ich in den letzten Jahren zusammengearbeitet habe", erklärt Marques. Mit Osvaldo Tenório entwickelte er ein Hotelkonzept „aus Sicht des Gastes". So wurde das Resort als verwunschenes Labyrinth angelegt, durch das scheinbar endlose Bäume wachsen. Die Stämme der Eukalyptusbäume werden fast eins mit der zurückhaltenden Hotelfassade und lassen das Resort wie organisch gewachsen wirken. Von der Grundsteinlegung an legte Marques größten Wert auf Nachhaltigkeit – ohne Kompromisse in Sachen Service, Komfort oder Luxus. Mit dieser Einstellung galt er vor wenigen Jahren noch als Visionär. Trotzdem hielt er an der Überzeugung fest, dass ein erstklassiges Hotel mit grüner Ideologie vereinbar sei. Seine Entscheidung, das Resort von Grund auf nur mit recycelten Materialien und Altholz zu bauen, war so mutig wie richtungsweisend. Bis heute arbeitet das Kenoa energiesparend. Das gesamte Resort ist inzwischen plastikfrei und LED-Lampen reduzieren den Stromverbrauch. Und lieber nimmt Marques leicht zerknitterte Personaluniformen in Kauf, als Dampfglätter zu erlauben. „Vom Entwurf bis zum Bau des Resorts habe ich jeden Schritt persönlich begleitet," freut sich Marques heute. „Das macht das Kenoa Resort für mich zur Herzensangelegenheit. Viele Ideen stammen von mir selbst, andere sind aus fruchtbarer Zusammenarbeit entstanden. Hinter jeder Entscheidung steht dabei bis heute der bedingungslose Respekt für unser schützenswertes Ökosystem."

ZURI ZANZIBAR

SANSIBAR, TANSANIA

Strukturwandel einer Insel

Die Öko-Lodge Zuri Zanzibar bietet eine Luxusversion des verantwortungsvollen Tourismus an und trägt gleichzeitig zu positiven Veränderungen auf Sansibar bei.

Auf der Hauptinsel Unguja des tansanischen Archipels Sansibar liegt die elegante Öko-Lodge Zuri Zanzibar. Großer Respekt für traditionelles afrikanisches Design spricht aus jedem Detail. Vor dem Hotel erstreckt sich der weiße Sandstrand Kendwa über 300 Meter, dahinter schimmert azurblau der Indische Ozean.

Beim Bau der 55 strohgedeckten Villen und Bungalows ließ sich das Team von traditionellen Dorfhäusern der Region inspirieren. Die Villas sind durch Grünflächen voneinander getrennt, was Privatsphäre und einen unverbauten Meerblick garantiert. Verschlungene Pfade führen von dort aus zu den Gemeinschaftsbereichen.

Als kreatives Herzensprojekt entstand das Zuri Zanzibar über den beeindruckenden Zeitraum von zehn Jahren. Lange hatte der tschechische Unternehmer, Kunstliebhaber und Filmemacher Václav Dejčmar mit dem Gedanken gespielt, sich aktiv für eine bessere Welt zu engagieren. Sein nachhaltiger wie profitabler Beitrag: verantwortungsvoller Tourismus. Die indigene Pflanzenvielfalt der Insel zu erhalten, steht im Zuri Zanzibar an erster Stelle. Aus diesem Grund setzte Dejčmar ethische Richtlinien für den Bau, das Design und den Betrieb des Hotels. Die 55 strohgedeckten Bungalows wurden von der in London und Prag ansässigen Firma Jestico + Whiles entworfen und aus lokalen Materialien gefertigt. Die Dächer bestehen aus dem tansanischen Gras *nyasi*

282 ZURI ZANZIBAR

SANSIBAR, TANSANIA

HANDWERKLICH GEFERTIGTE LEUCHTEN WIE HÄNGENDE GRÜNE LICHTFLASCHEN (VORHERIGE SEITE) UND DEKORATIVE PAPIERSCHIRME IM ESSBEREICH SORGEN FÜR HEIMELIGES FLAIR.

DIE KOMBINATION AUS FREILIEGENDEN HOLZBALKEN, NATURGEDECKTEN DÄCHERN UND RAUHEN STEINWÄNDEN SCHENKEN DEM ZURI ZANZIBAR SEINEN GEERDETEN LOOK. EDLE BETTWÄSCHE UND PFLEGEPRODUKTE SORGEN FÜR DEN LUXURIÖSEN KONRAST.

oder aus lokalen Holzschindeln und bieten damit eine nachhaltige Alternative zum typischen Makuti-Dach – einer Art Wellblechdach, das auf der Insel sehr verbreitet ist. Die Möbel des lokalen Herstellers Dhow Furniture sind aus dem Holz alter Fischerboote gefertigt. Auch die Künstler und Kunsthandwerker, von denen die eigens angefertigten Wandgemälde, die handgeschnitzten Türen mit Gewürzmotiven, die Perlenvorhänge und das Lotusdekor stammen, sind aus der Region.

Das Zuri Zanzibar wurde als erstes afrikanisches Resort von der internationalen Umweltinitiative EarthCheck für seine hohen Standards zertifiziert. Das Hotel arbeitet nach strengen Richtlinien für Wasser- und Abfallmanagement: Es bezieht sein Wasser aus eigenen Quellen und überlässt den Dorfbewohnern von Kendwan das überschüssige Wasser. Eine Wasserentsalzungsanlage mit Umkehrosmose als auch modernste Ozontechnologie entfernen Bakterien aus dem Wasser. Vor Ort wird es in Glasflaschen abgefüllt, sodass das gesamte Resort frei von Plastikflaschen ist. Abwasser wird gesammelt, aufbereitet und für die Bewässerung verwendet.

Zu effektivem Naturschutz gehört auch ein enger Bezug zur lokalen Bevölkerung. Engagiert arbeitet das Zuri Zanzibar mit Organisationen zusammen, die sich für Umweltschutz, Bildung und qualifizierte Arbeitsplätze einsetzen. Das Hotel wählt seine Partner sorgfältig aus und arbeitet ausschließlich mit lokalen, nachhaltigen und fairen Unternehmen zusammen. Alles Obst und Gemüse bezieht das Hotel von kleinen Biobauernhöfen der Region. Fisch und Meeresfrüchte werden täglich von lokalen Fischern bezogen und fangfrisch in der Küche zubereitet.

Zum Beispiel stellt die Seaweed Company einen angemessenen Lebensstandard seiner ausschließlich weiblichen Angestellten sicher. Sie ernten Algen und stellen daraus Seifen und Cremes her – auch für die hoteleigene Pflegeserie. Bei der Initiative Chako werden Abfälle, die großteils aus der Tourismusindustrie stammen, nachhaltig recycelt. Die von Chako veranstalteten Workshops zu den Themen Recycling, kooperatives Design und Handwerk werden größtenteils von Frauen besucht, die hier zu Eigenständigkeit und Kreativität ermutigt werden. Ziel ist es, den sozialen und wirtschaftlichen Status jedes Einzelnen zu verbessern, Nachhaltigkeit zu fördern und die Auswirkungen des Tourismus zu verringern.

Nicht zuletzt ist das Zuri Zanzibar aktiver Partner des lokalen Vocational Tourism Training Program, bei dem zehn lokale Auszubildende über zwei Jahre ein umfassendes Bildungsprogramm absolvieren. Nach erfolgreichem Abschluss des Programms erhalten die Teilnehmenden ein wegbereitendes Zertifikat in den Bereichen Tourismus und Gastfreundschaft.

INDEX

ALILA FORT BISHANGARH
S. 6
alilahotels.com/fortbishangarh
Jaipur, Rajasthan, Indien
Hotelkette: Alila Hotels & Resorts Pte. Ltd.
Architekt: Sandeep Khandelwal von Sthapatya Architects
Innendesigner: Ritu Khandelwal von Sthapatya Architects
Fotos: Alila Hotels & Resorts / Zechian Kang

ALMODÓVAR HOTEL
S. 128-131
almodovarhotel.de
Berlin, Deutschland
Fotos: Giacome Morelli, *außer S. 130 oben links:* Sabine Moeller

AMAZING ESCAPES
S. 76
amazingescapes.ch
Verbier, Schweiz
Design: Marina Cardis
Fotos: Fabien Courmon

ÀNI VILLAS DIKWELLA
S. 64-67
aniprivateresorts.com/srilankahome
Dikwella, Sri Lanka
Hotelkette: Àni Villas, Private Resorts
Architekt/Innendesign: AW² - architecture Workshop 2, Reda Amalou & Stéphanie Ledoux
Fotos: Mikaël Benard/ www.myqua.com, *außer S. 66 oben rechts:* CHRISTIANGOMEZ.com

BAWAH RESERVE
S. 30-33
bawahreserve.com
Anambas, Riau Inseln, Indonesien
Architekt: Sim Boon Yang
Fotos: Bawah Reserve

BEIT EL TAWLET
S. 34-37
soukeltayeb.com/beit-el-tawlet
Beirut, Lebanon Kamal Mouzawak
Hotelkette: Souk El Tayeb
Fotos: Tanya Traboulsi
Weitere Credits: Salim Azzam, Rana Salam

BERBER LODGE
S. 42-47
berberlodge.net
Marrakesch, Marokko
Fotos: Berber Lodge/ Roman Michel Meniere (*S. 43, 45, 44 unten links*), Cécile Perrinet-Lhermitte (*S. 42, 44 oben rechts + links, 44 unten rechts, 46/47*)

BNA HOTELS
S. 138-141
bna-hotel.com
Tokio, Japan
Hotelkette: BnA Co.,Ltd
Architekt: Keigo Fukugaki, Mio Kawai
Fotos: BnA STUDIO Akihabara - Tomooki Kengaku (*S. 138, 139, 140 Mitte links + unten, 141*), BnA HOTEL Koenji (*140 oben rechts*), BnA Hotels (*140 oben links*)
Künstler: 51.3 G-WAVE, Taku Sato (*S. 139*), studioBOWL/Ryohei Murakami (*S. 140 unten, 141*)

BOBBEJAANSKLOOF
S. 186-191
bobbejaanskloof.com
Westkap, Südafrika
Fotos: Bobbejaanskloof/ Fotograf: Gregory Cox

BRAE
S. 236-241
braerestaurant.com
Birregura, Victoria, Australien
Architekt: Six Degrees Architects
Innendesign: Studio Round
Fotos: Colin Page

CAPELLA LODGE
S. 192-195
capellalodge.com.au
Lord Howe Island, New South Wales, Australien
Hotelkette: Baillie Lodges
Außendesign: Justin Long Design
Innendesign: James & Hayley Baillie
Fotos: Rhiannon Taylor,
außer S. 193: James Vodicka

CASA MÃE
S. 10-15
casa-mae.com
Lagos, Algarve, Portugal
Fotos: Ruben Guerreiro
und Pedro Correia

CHUMBE ISLAND
S. 170-173
chumbeisland.com
Sansibar, Tansania
Fotos: Courtesy of
Chumbe Island Coral Park

COUCOO
S. 256-261
coucoo.com
Frache-Comté/Hauts-de-France/Provence, Frankreich
Fotos: Courtesy of Coucoo

DEPLAR FARM
S. 220-223
elevenexperience.com/deplar-farm-iceland-winter
Troll Peninsula, Island
Hotelkette: Eleven Experience
Design: No.12 Interiors
Fotos: Eleven Experience

FABRIKEN FURILLEN
S. 90-95
furillen.com
Gotland, Schweden
Fotos: Peter Guenzel,
außer S. 92 oben links + rechts:
Design Hotels™

FAZENDA CATUCABA
S. 196-199
catucaba.com
São Luiz do Paraitinga,
São Paulo, Brasilien
Fotos: Courtesy of
Fazenda Catucaba

FINCA LA DONAIRA
S. 16-23
ladonaira.com
Montecorto, Andalusien, Spanien
Architekt: Themroc Design Ltd
(in Zusammenarbeit mit Sensorialdesign)
Fotos: Courtesy of
Finca La Donaira;
Wayne Chasan (S. 21 oben rechts),
Javier Ortiz Pinazo (S. 17, 20),
Aleksandra Olejnik (S. 16, 18 oben links
und rechts, 18 Mitte links, 18 unten,
21 oben links, 21 unten links + rechts)

HOFGUT HAFNERLEITEN
S. 242-247
hofgut.info
Bad Birnbach, Deutschland
Fotos: Günter Standl/
guenter-standl.de,
außer S. 244 oben links,
247 oben rechts: Roland Mosimann;
S. 247 unten links: Michael Jaugstetter

HOTEL CRILLON LE BRAVE
S. 38-41
crillonlebrave.com
Crillon-le-Brave, Provence, Frankreich
Hotelkette: BERTIE ALBRECHT
Architekt: Cabinet Elias Guenoun Architecture
Fotos: Yann Deret

HOTEL MISÍNCU
S. 142-145
hotel-misincu.fr
Cap-Corse, Korsika, Frankreich
Fotos: Courtesy of Hotel Misíncu

JACKALOPE
S. 112-119
jackalopehotels.com
Merricks North, Victoria, Australien
Hotelkette: Jackalope Hotels
Architekt/Design: CARR Design Group; Projects of Imagination - Brand- und Innerdesign für Rare Hare
Fotos: Sharyn Carrs
Brand-Design: Fabio Ongarato Design
Möbeldesign: Zuster - Melbourne

KENOA RESORT
S. 276-279
kenoaresort.com
Barra de São Miguel, Alagoas, Brasilien
Fotos: Conrado Carvalho da Silva
(S. 276, 277, 278 oben rechts, 279),
Rodrigo Zorzi (S. 278 oben links),
Gabriel Novis (S. 278 unten)

LE BARN HOTEL
S. 52-57, 218
lebarnhotel.com
Moulin de Brétigny,
Île-de-France, Frankreich
Fotos: Courtesy of Le Barn Hotel

LE COLLATÉRAL
S. 174-179
lecollateral.com
Arles, Provence, France
Architekt: Philippe Schiepan
Fotos: Courtesy of Le Collatéral

MASSERIA MOROSETA
S. 68-75
masseriamoroseta.it
Ostuni, Apulien, Italien
Architekt: Andrew Trotter
Fotos: Salva Lopez, Marina Denisova,
außer S. 73: Ingrid Hofstra

MATETSI VICTORIA FALLS
S. 48-51
matetsivictoriafalls.com
Victoria Falls, Simbabwe
Fotos: Matetsi Victoria Falls,
außer S. 48: espiegle/
IStock by Getty Images

NALU NOSARA
S. 204-207
nalunosara.com
Playa Guiones, Nosara, Costa Rica
Architekt: Studio Saxe,
studiosaxe.com
Fotos: Courtesy of Studio Saxe

NIMMU HOUSE
S. 148
ladakh.nimmu-house.com
Ladakh, India
Architekt: Emeline Leveillé-Nizerolle
Fotos: Bharat Baswami
Photographer für Nimmu House

OMAANDA LODGE
S. 248-255
zannierhotels.com/omaanda
Windhoek, Khomas, Namibia
Hotelkette: Zannier Hotels
Architekt: Kraft Architects,
Projektleitung Zannier Hotels
Innendesign: Geraldine Dohogne
Fotos: Alex Teuscher/Zannier Hotels

OVOLO WOOLLOOMOOLOO
S. 104-107
ovolohotels.com.au
Woolloomooloo,
Sydney, NSW, Australien
Hotelkette: Ovolo Hotels
Architekt: Hassell
Fotos: Ovolo Hotels/Nicole England

PARQUE PATAGONIA/ TOMPKINS CONSERVATION
S. 216
tompkinsconservation.org
Patagonien, Chile
Fotos: James Q Martin

QO AMSTERDAM
S. 108-111
qo-amsterdam.com
Amsterdam, Niederlande
Architekt: Mulderblauw architecten,
Paul de Ruiter Architects
Fotos: Rinze Vegelien für TodaysBrew

QUINTA DA CÔRTE
S. 180-185
quintadacorte.com
Valenca do Douro, Portugal
Hotelkette: Vignoble Austruy
Architekt: Pierre Yovanovitch
Fotos: Jean François Jaussaud,
außer S. 183, 185 unten links:
Christophe Goussard

RIAD JARDIN SECRET
S. 146, 150-155
riadjardinsecret.com
Marrakesch, Marokko
Architekt: Rigot Tang
Fotos: Cyrielle Astaing für Rigotang,
außer S. 152 oben links und rechts, 154:
Carley Page Summers
Künstler: Marin Montagut (S. 146),
Ines Longevial (S. 153)

ROCA SUNDY
S. 100-103
hotelrocasundy.com
Príncipe Island, São Tomé und Príncipe
Fotos: Miguel Madeira @ HBD

SACROMONTE LANDSCAPE HOTEL
S. 80-85
sacromonte.com
Sierra de Carapé, Maldonado, Uruguy
Architekt: MAPA ARQUITECTOS
Fotos: Leonardo Finotti (S. 80/81, 83),
Tali Kimelman (S. 82 oben links und
rechts, 82 unten rechts, 84/85),
Sacromonte Photo Library
(S. 82 unten links)
Masterplan Landschaftsgestaltung:
Roberto Mulieri
Design Weingarten: Eng. Alfredo Silva

SÃO LOURENÇO DO BARROCAL
S. 58-63, 78
barrocal.pt
Monsaraz, Alentejo, Portugal
Fotos: Ash James
(S. 58/59, 60 oben, 61, 62, 63 oben
rechts, 63 oben links, 63 unten links),
Nelson Garrido (S. 60 Mitte links, 60
unten rechts, 63 unten rechts, 78 unten)

SHIPWRECK LODGE
S. 230-235
shipwrecklodge.com.na
Skeleton Coast, Kunene, Namibia
Fotos: Micheal Turek, außer S. 235
oben links: Shawn van Eeden

SINGLETHREAD FARM-RESTAURANT-INN
S. 268-271
singlethreadfarms.com
Healdsburg, California, USA
Architekt: AvroKo
Fotos: Eric Wolfinger
(S. 268, 270 oben rechts),
Garrett Rowland
(S. 269, 270 unten links + rechts),
Kassie Borreson (S. 270 oben links),
Roman Cho (S. 271)

SONG SAA PRIVATE ISLAND
S. 212-215
songsaacollective.com
Koh Ouen Private Island, Cambodia
Architekt: Melita Koulmandas Hunter
Fotos: Song Saa Collective,
jetsetchristina (S. 212),
Justin Mott (S. 214 unten links)

THE DREAMCATCHER
S. 208-211
dreamcatcherpr.com
San Juan, Puerto Rico
Architekt: Sylvia Demarco
& Stephan Watts
Fotos: Nesha Torres

THE FLEMING
S. 96-99
thefleming.com
Wan Chai, Hongkong
Architekt: A Work of Substance
Fotos: Dennis Lo

THE PILGRM
S. 120-123
thepilgrm.com
London, United Kingdom
Architekt: Kollaboration
zwischen den Eigentümern und
Design Studio 93ft/Sheffield.
Fotos: Jason Bailey,
außer S. 122 oben rechts
+ unten rechts: Ed Reeve

THE SLOW
S. 262-267
theslow.id
Canggu, Bali, Indonesien
Architekt: Design von Eigentümer
George Gorrow in
Zusammenarbeit mit Gfab.
Fotos: Tommaso Rivera

THE SURFRIDER MALIBU
S. 272-275
thesurfridermalibu.com
Malibu, California, USA
Fotos: Courtesy of
The Surfrider Malibu

TIERRA CHILOÉ
S. 78, 86-89
tierrahotels.com/chiloe
San José, Castro, Los Lagos, Chile
Hotelkette: Tierra Hotels
Fotos: Jorge Bustos, außer
S. 88 oben rechts: Pia Vergara

TITILAKA
S. 156-163
titilaka.pe
Puno, Peru
Fotos: Titilaka

TRUNK(HOTEL)
S. 124-127
trunk-hotel.com
Shibuya, Tokio, Japan
Architekt: Mount Fuji
Architects Studio
Innendesign: Jamo Associates,
LINE-inc, TORAFU ARCHITECTS
Fotos: Courtesy of Design
Hotels™/TRUNK (HOTEL)

TULUM TREEHOUSE
S. 132-137
tulumtreehouse.com
Tulum, Yucatán, Mexico
Fotos: Claus Brechenmacher
für Design Hotels™

VENTANA BIG SUR
S. 224-229
alilahotels.com/ventana
Big Sur, California, USA
Hotelkette: Alila Hotels &
Resorts Pte. Ltd.
Architekt: Ray Parks & Associates
Innendesign:
Brayton Huges Design Studio
Fotos: Alila Hotels & Resorts /
Gabriel Ulung

VILLA LENA
S. 164-169
villa-lena.it
Palaia, Toskana, Italien
Fotos: Coke Bartrina,
außer S. 167: Niklas Adrian Vindelev;
S. 169 unten links: Ellie Tsatsou
Künstler: Anna Topyriya (S. 165, 168),
Charlie Duck (S. 169)

WANÅS RESTAURANT HOTEL
S. 24-29, 148
wanas-n.se
Knislinge, Skåne, Sweden
Architekt: Kristina Wachtmeister &
Amundsen+Jansson
Fotos: Per Pixel (S. 24, 27);
Mattias Givell (S. 26 oben links);
Magnus Mårding (S. 25, 26 oben rechts,
26 unten links + rechts, 28,
29 oben rechts, 29 unten links);
Fredrika Stjärne (S. 29 oben links,
29 unten rechts, 148 unten)
Wanås Konst – The Wanas Foundation
(S. 24, 26 oben links, 27)
Künstler: Maya Lin, Eleven Minute Line,
2004 (S. 24); Rafael Gómezbarros,
Casa Tomada (House Taken),
Ausstellung in Wanås Konst - The Wanås
Foundation 2016 (nicht dauerhaft)
(S. 26 oben links);
Kunst von Ylva Ogland,
Pappa och jag, 2008 (über dem Kamin)
und Ann-Sofi Sidén, En annan väg,
2010 (rechts). Auf dem Kaminsims
Objekte von Igshaan Adams und
Ann-Sofi Sidén (S. 25);
Kunst von Niko Luoma, Collectors Item
(stolen from newsstands, 1992–2004),
2004 (S. 26 unten rechts)

WARA
S. 200-203
wara.cl
Copiapó, Atacama, Chile
Fotos: Sonia Sieff

WILDERNESS SAFARIS
S. 8
wilderness-safaris.com
Hauptsitz: Gaborone, Botswana
Fotos: Courtesy of Wilderness Safaris

ZURI ZANSIBAR
S. 280-283
zurizanzibar.com
Zanzibar, Tansania
Fotos: Courtesy of Design Hotels™

BON VOYAGE

Die schönsten Boutique-Hotels
für bewusstes Reisen

Konzeption, Redaktion und Design
von gestalten.

Herausgegeben von Robert Klanten
und Andrea Servert
Mitherausgeberin: Clara Le Fort

Vorwort und Texte von Clara Le Fort
Bildunterschriften von Anna Southgate
Übersetzung aus dem Englischen
von Marianne Julia Strauss

Editorial Management
von Lars Pietzschmann

Design, Layout und Cover
von Hy-Ran Kilian

Schrift: Canela Thin von Miguel Reyes
(Commercial Type Foundry)

Titelbild mit freundlicher Genehmigung
durch Hotel Crillon Le Brave
Umschlagbilder:
    Oben links: Eleven Experience
    Oben rechts: Ash James für
    São Lourenço do Barrocal
    Unten links: Roman Cho
    für SingleThread
    Unten rechts: Leonardo Finotti
    für Sacromonte

Druck:
Printer Trento S.r.l., Trento, Italien
Hergestellt in Europa

Erschienen bei gestalten, Berlin 2019
ISBN 978-3-89955-509-7

Die englische Ausgabe ist unter der
ISBN 978-3-89955-963-7 erhältlich.

© DIE GESTALTEN VERLAG GMBH & CO. KG, BERLIN 2019

DAS WERK IST EINSCHLIESSLICH ALLER SEINER TEILE URHEBERRECHTLICH GESCHÜTZT. JEDE VERWENDUNG IST OHNE SCHRIFTLICHE GENEHMIGUNG DES VERLAGS UNZULÄSSIG. DIES GILT INSBESONDERE FÜR VERVIELFÄLTIGUNG, MIKROVERFILMUNG SOWIE EINSPEICHERUNG UND VERARBEITUNG IN ELEKTRONISCHEN SYSTEMEN.

RESPECT COPYRIGHTS, ENCOURAGE CREATIVITY!

WEITERE INFORMATIONEN UND BUCHBESTELLUNGEN UNTER WWW.GESTALTEN.COM.

BIBLIOGRAFISCHE INFORMATION DER DEUTSCHEN NATIONALBIBLIOTHEK.
DIE DEUTSCHE NATIONALBIBLIOTHEK VERZEICHNET DIESE PUBLIKATION IN DER DEUTSCHEN NATIONALBIBLIOGRAFIE; DETAILLIERTE BIBLIOGRAFISCHE DATEN SIND IM INTERNET ÜBER WWW.DNB.DE ABRUFBAR.

ALLE IN DIESER PUBLIKATION VORGESTELLTEN UND PORTRÄTIERTEN UNTERNEHMEN, PROJEKTE UND INDIVIDUEN WURDEN AUF BASIS ÄSTHETISCHER UND INHALTLICHER KRITERIEN AUSGEWÄHLT UND IN KEINEM FALL AUFGRUND VON ZAHLUNGEN ODER KOMMERZIELLEN ZUWENDUNGEN SEITENS DER VERTRETENEN URHEBER.

DIESES BUCH WURDE AUF FSC®-ZERTIFIZIERTEM PAPIER GEDRUCKT.